自我對畫

給所有大人心裡的小孩

程予希 著

獻給在困惑中時而找得到時而找不到的自己

CONTENTS

06－205　　　　　畫作與自我對話

自我剖白

202　　　　　失去的成年禮
206　　　　　殘酷而奇幻的
210　　　　　保有童真的長大
214　　　　　程予希最真實的寫真照

我們到底是

　　成為自己喜歡的樣子

還是令人討厭的大人？

我想答案是都有的！

也許這樣的狀態會活得更自在吧！

我也想要被理解，被認同⋯⋯
　　但連我都不知道自己
　是什麼形狀⋯⋯

一定要屬於某個形狀才是好的嗎?

才能被歸類，
　　如果什麼形狀都沒有就是四不像

會不會反而生出獨特的樣子呢？

不會，因為你只是 nobody！

如果是 somebody,
那大家都會追隨你,
不管你是什麼形狀。

真是可悲的想法。

(正面) 你現在這樣就很棒了！很值得喜歡啊

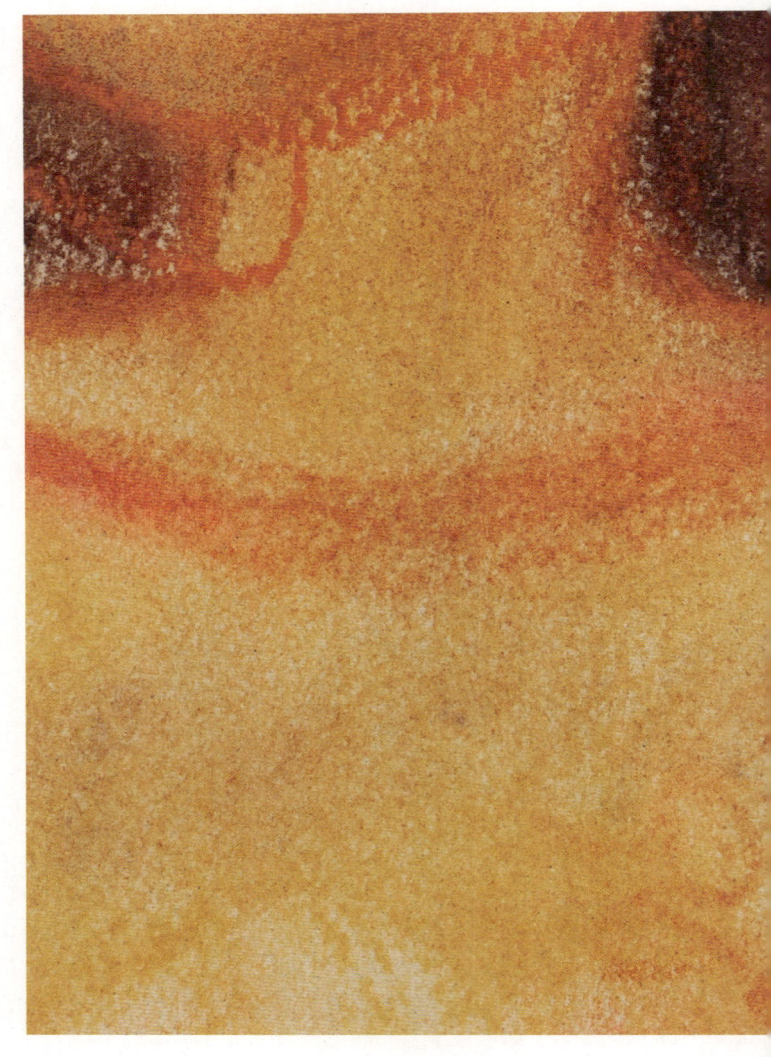

(負面) 真的太難了～真意的自己都好醜陋

我今天又這樣循環了 39 次呢！

每天都在跟自己的聲音打仗，
好累又好充實～

哪裡充實了？

不斷提出自己值得被喜歡的地方，
突然覺得
自己好像也沒糟到哪裡去吧！

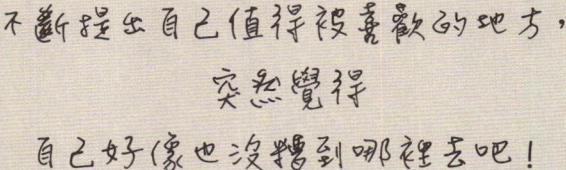

是嗎？那就活在自己的象牙塔裡吧

……

欸！
如果你有特異功能，
看得見人生的期限
是不是
就可以活得更無畏？

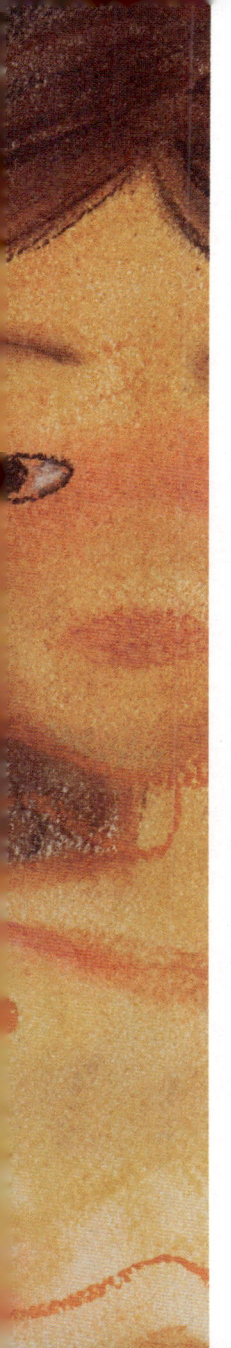

你今天過得好嗎?

做了該做的角色功課,
畫了該畫到的進度,
我覺得今天的自己很棒!

所以用事情完成的進度
來看待今天的自己好不好？

……

無論有沒有完成，
你都很足夠：)

給夥伴的情書

雖然我的喜歡有點彆扭,
但還是想對你們訴說,
謝謝你們靜靜守候著我創作的每個日子。

欸筆,

「我真的好羨慕你喔!
你什麼都不用做就躺在那裡就好了。
反正畫不好也是我的事,
需要練習也是我的事。

只要跟著我的手一起工作就好。

欸!你知道你很傲嬌嗎?
泡太少水顏料洗不乾淨,就不工作,
泡太久水就分岔 ,也不好工作。
什麼都不用做真好。」

筆：
我也很辛苦好嗎？你沒來工作室的時候
我一個人靜靜躺在那，
你一來我就忙得跟什麼一樣。
就算我再怎麼忙，功勞也是你的。
我還要努力維持我的毛不能分岔，免得
隨時被取代被你淘汰。

「也是！你真的很重要，我再上網訂購十支型號跟你一樣的筆。」

筆：……

40

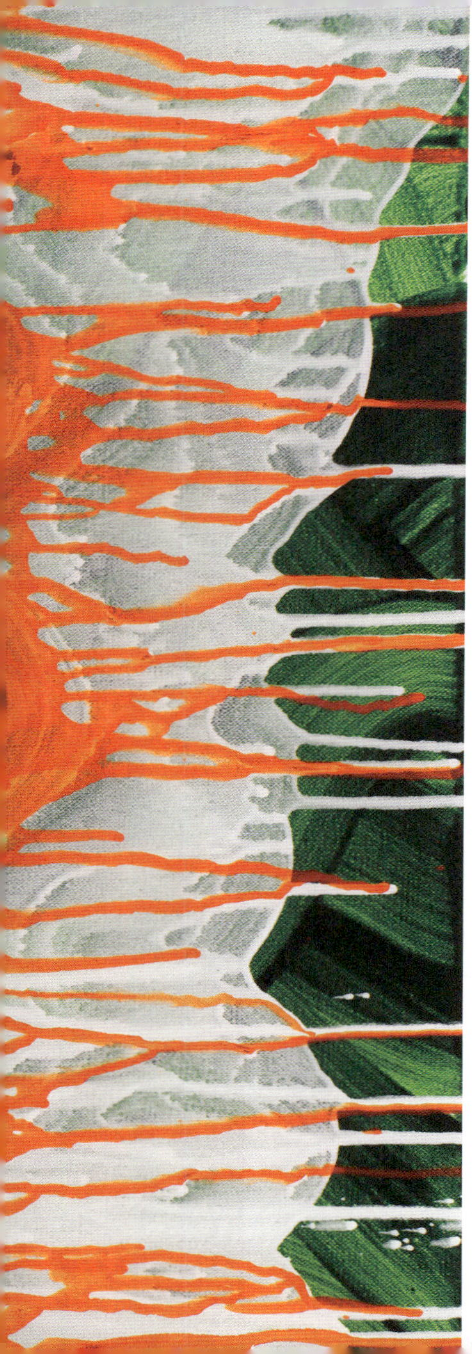

我很怕停下來，
因為停下來
好像就是怎情就會停止成長
但其實我又很常停下來，
因為不知道可以往哪裡去
只能原地打轉

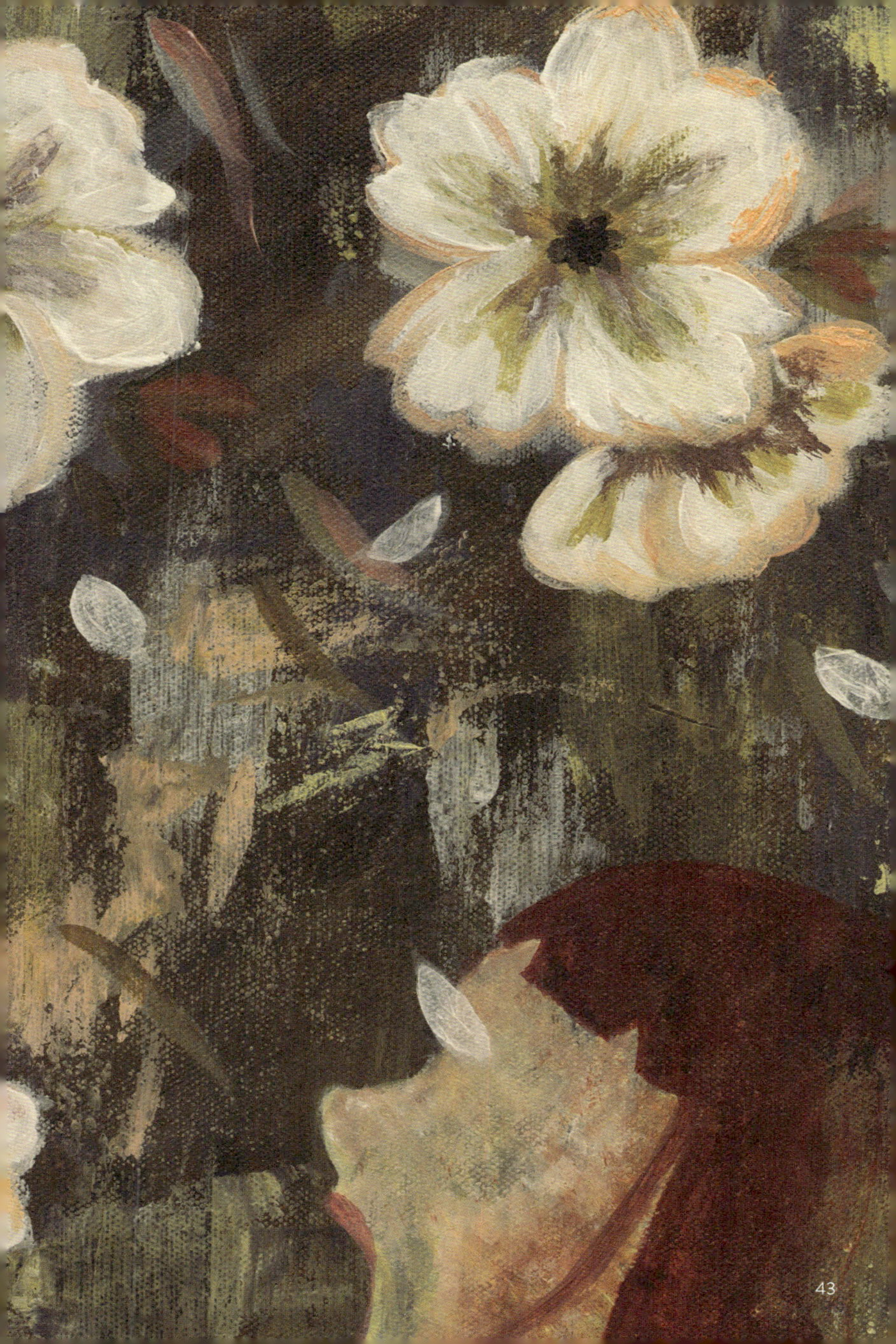

我喜歡你！！
……

我覺得你狀態很好！！
……

我真的覺得你很棒！！
……

你知道你不用證明自己的好！！
……（鏡子）

好了！今天的催眠夠了！可以去工作了

我好像
一直在追尋
別人眼中的好

那你可以不要追了嗎

我不知道怎麼做，
我的心就是會去追，

我好累

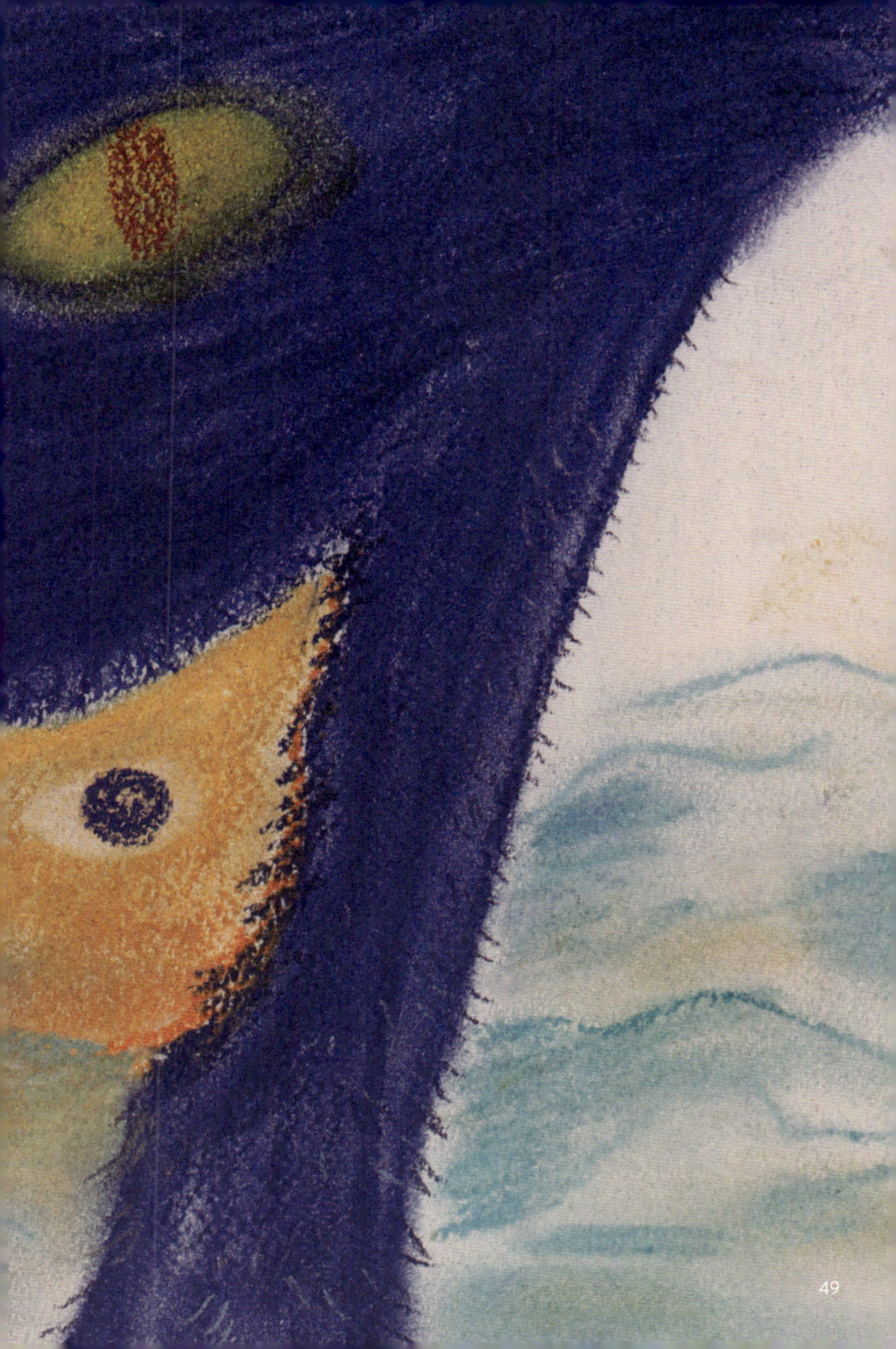

所以唯有看見自己的好才能停下來？

51

好難。。。。

你到底不滿意自己哪裡？

我也說不上來，
但就是覺得可以更好……

你知道嗎？
我很討厭自己這麼沒自信，
但同時又因為沒自信我獲得了很多，
因為沒自信所以我一直學習，
一直想看到自己的成長，
時間久了好像慢慢長成自己喜歡的樣子

57

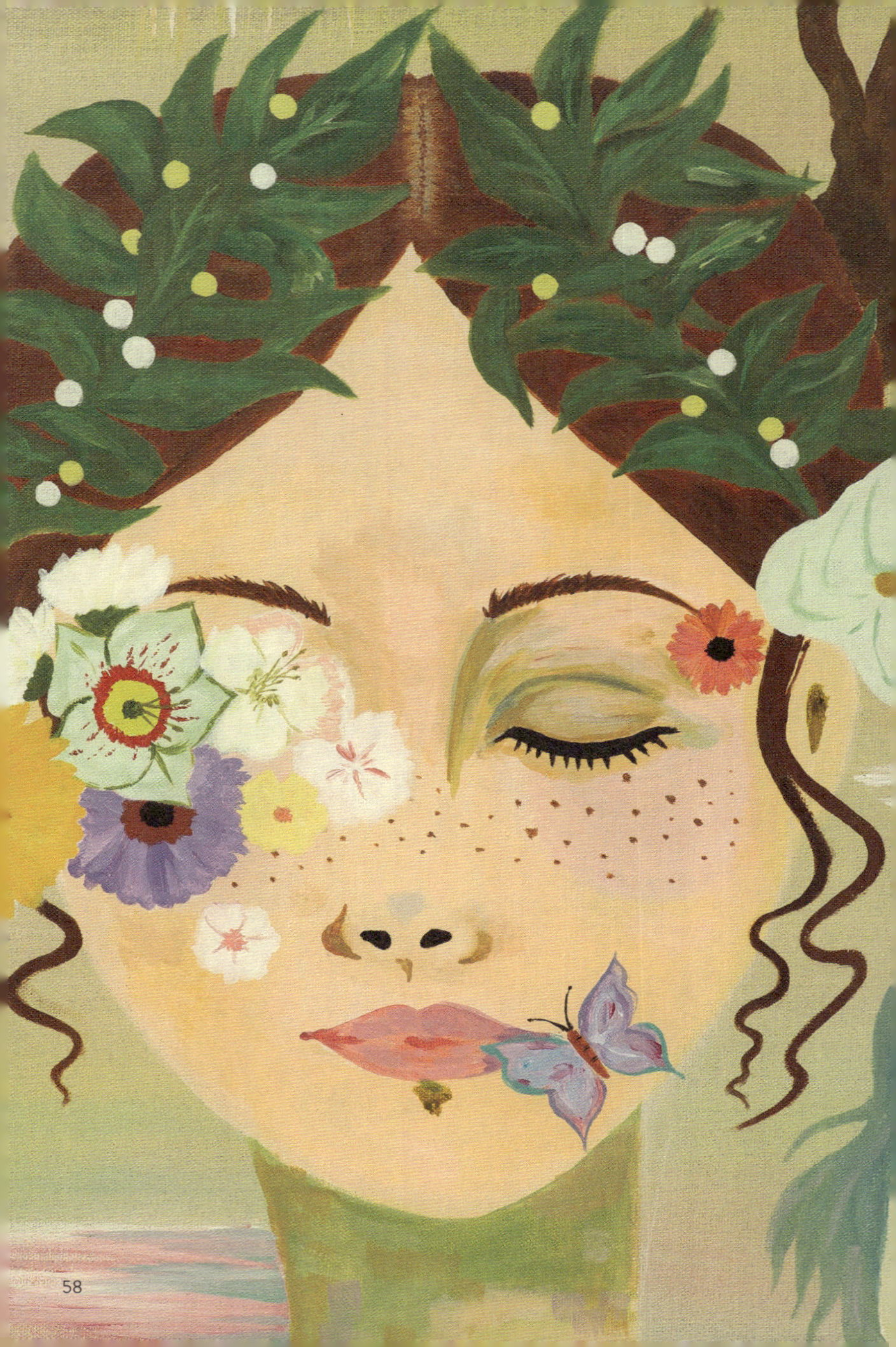

那你就可以
慢慢停下來啦!

可能是吧!

時間久了沒自信
好像成為推進自己的
另一個動力

也許也讓你更了解自己一些了?

好像吧……也挺好的

我們無法阻止自己成為本來該成為的樣子。

真的覺得人好難搞！！！

那你自己好搞嗎？

這就是不變的定律 :)

小時候覺得這個世界很現實，
所以我一直覺得要變得很強大才能生存，
長大後沒這現實鞭策，
偶爾又成為得利者，
其實我很矛盾，
既厭惡卻又在這個利益中嚐到甜頭，

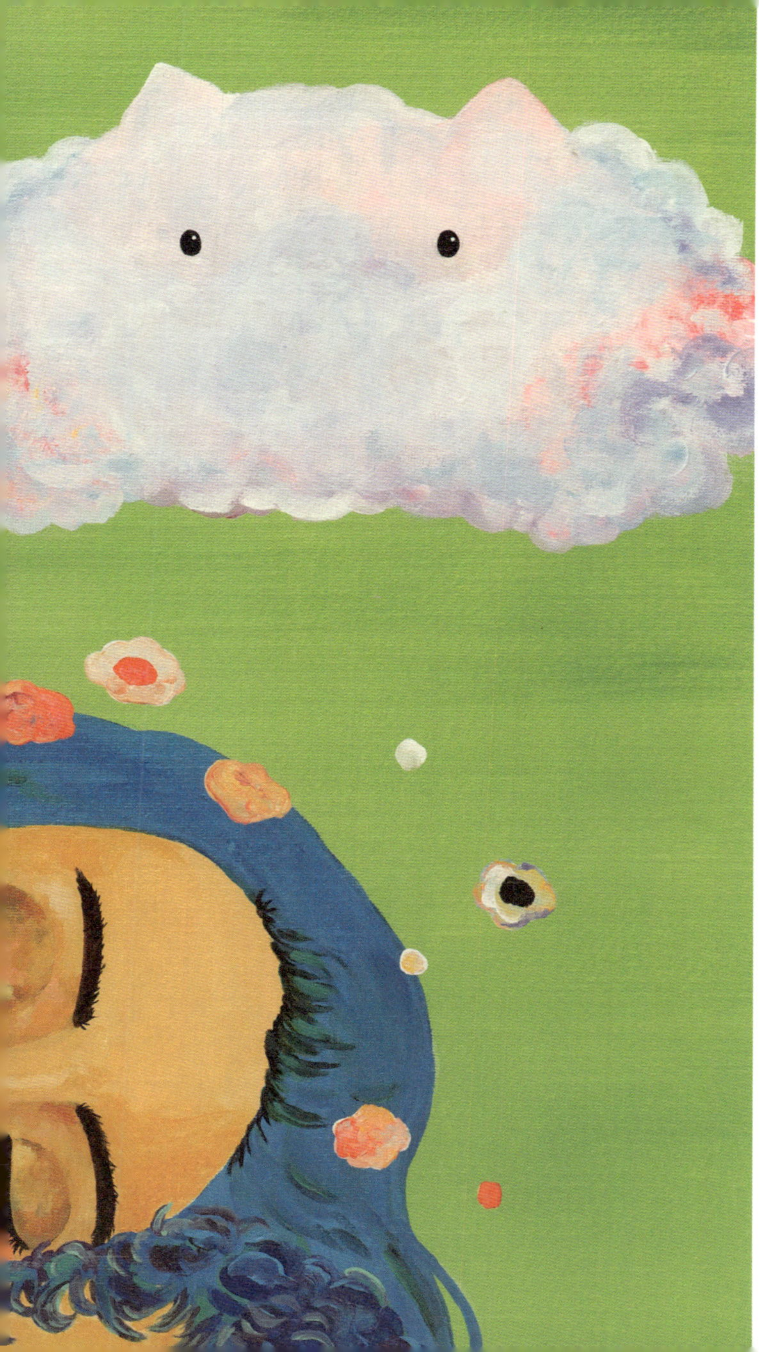

有時候都會跟自己說：
我已經深受其害多年，
偶爾嚐嚐甜頭也是應得的吧？

但其實我內心明白，
我是<u>厭惡</u>這樣的體制的。

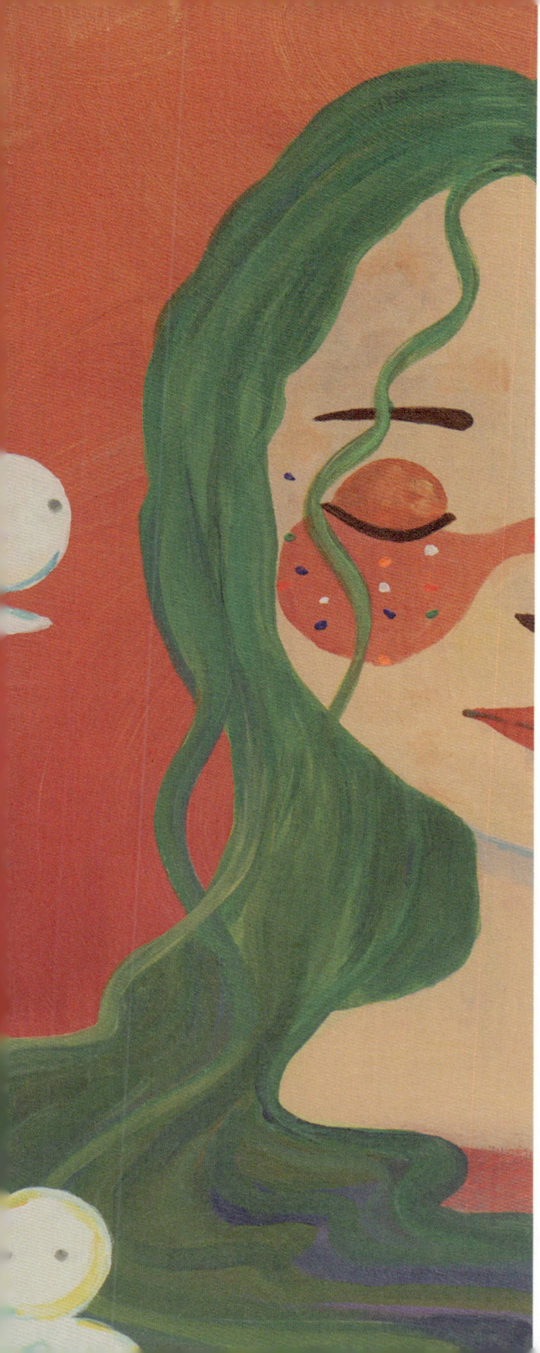

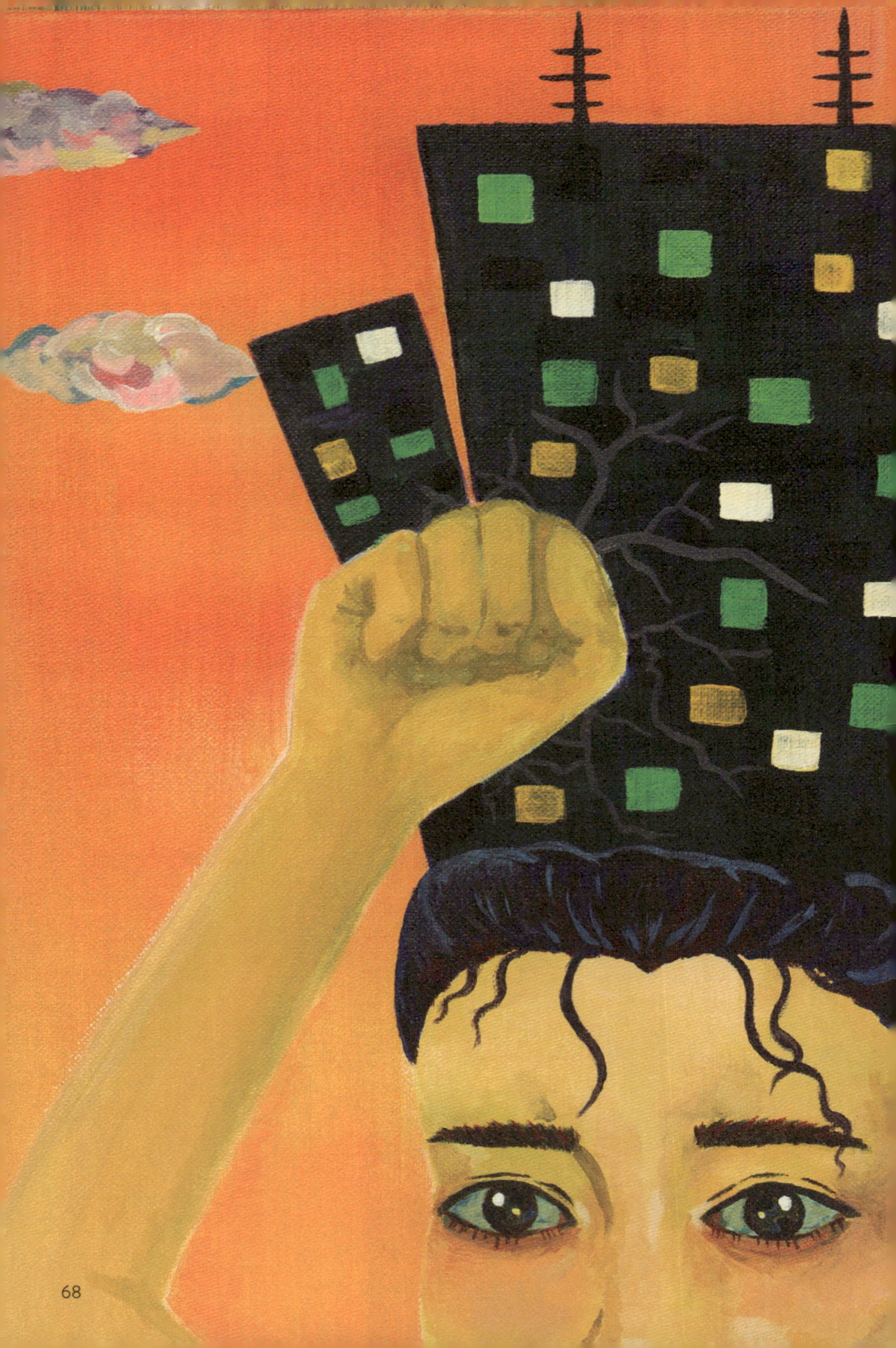

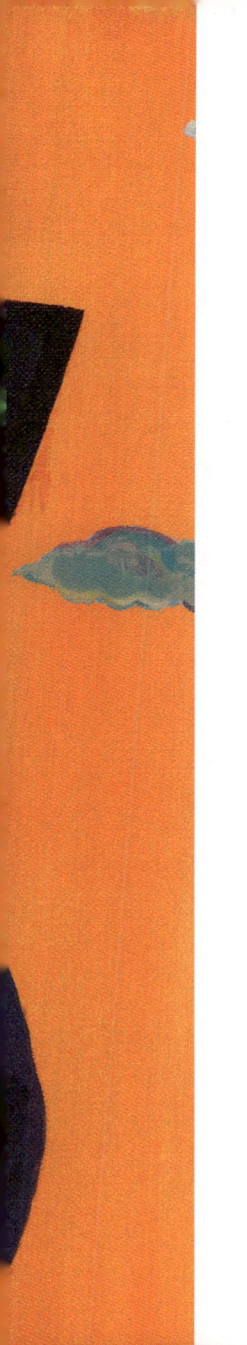

當這件事沒有危及到我的生存，
好像就可以先放著……
人哪！
真是可悲又自私的生物。

可是，能夠這麼想的你，很可貴唷‥

「嘿，畫布，我有些話想跟你說⋯⋯
也許有時候我太任性，
也許有時候我太粗魯，
謝謝你總是承接我的情緒，
不管是急性子、憤怒、不安、平靜、開心，
你都一一如實的反饋。」

畫布：
對，所以請你有耐心的等顏料乾了，
再上另一層！
不然有時候顏色濁到
我都覺得慘不忍睹……

「嗯，我正在訓練自己的耐心……」

畫布：
那就好好訓練，不要浪費我的生命(笑)

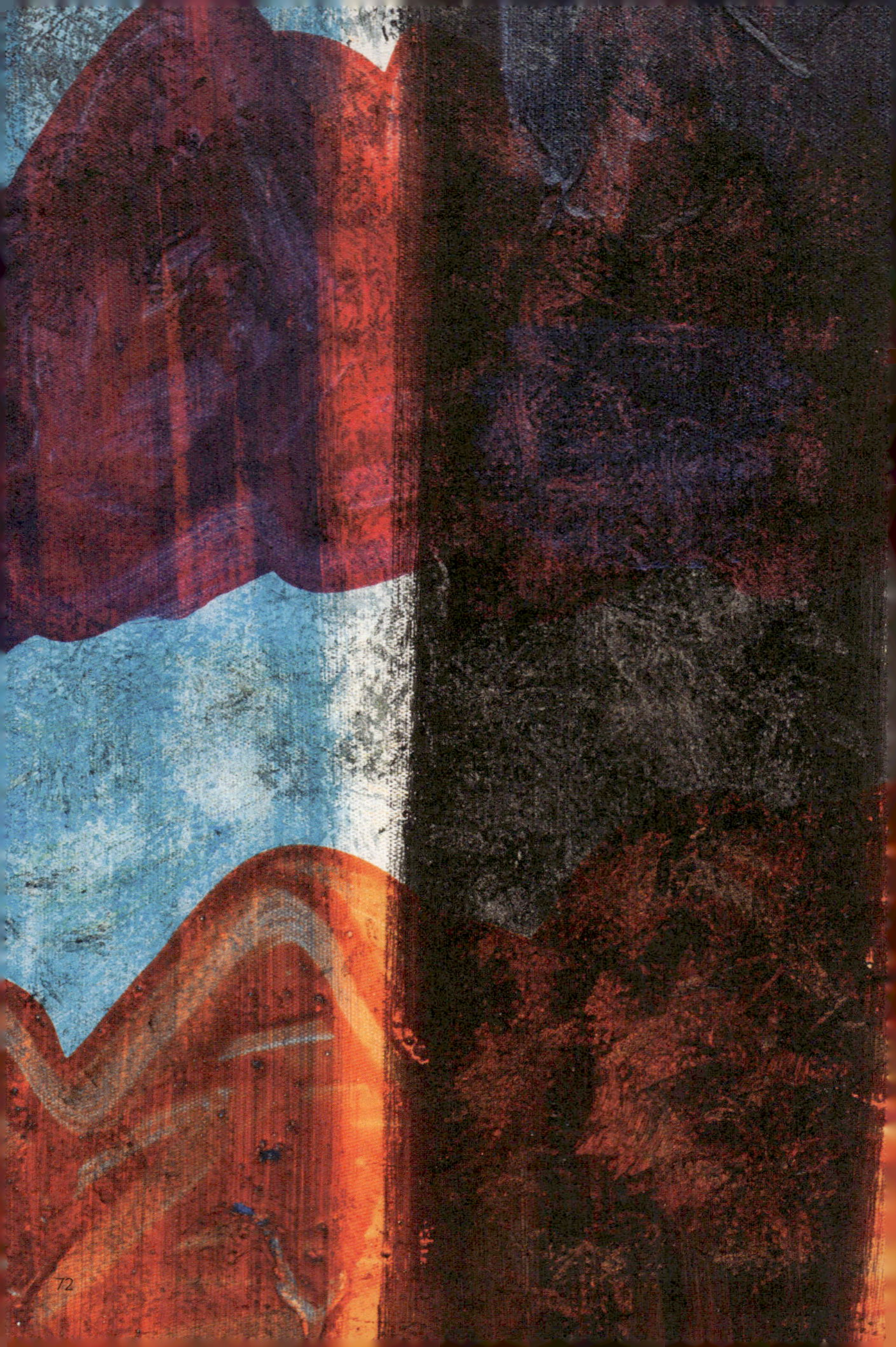

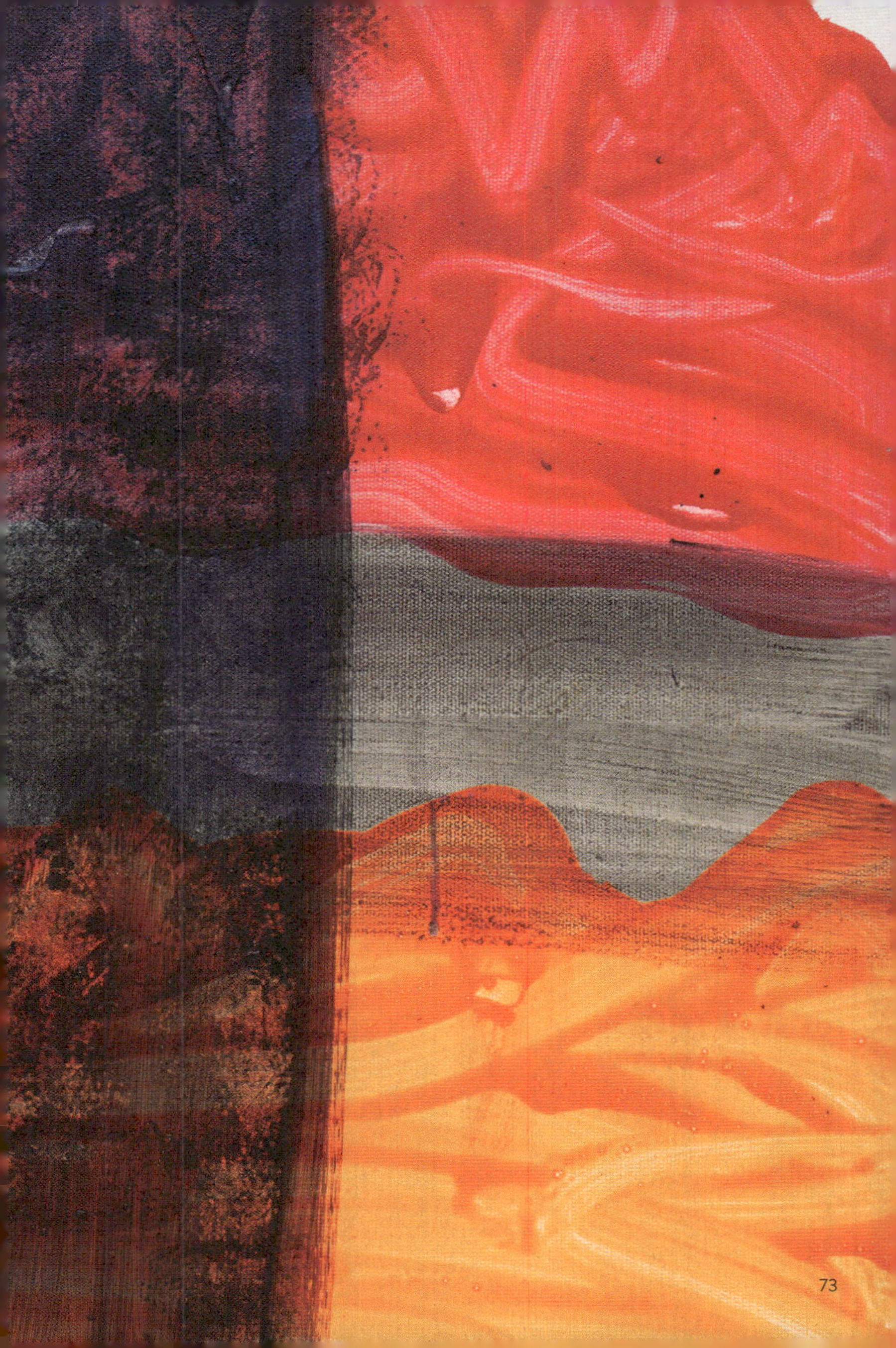

鑰匙孔分界出內外，
觀看與被觀看，

我在沒人欣賞的地方，
用自己的步調盛開著。

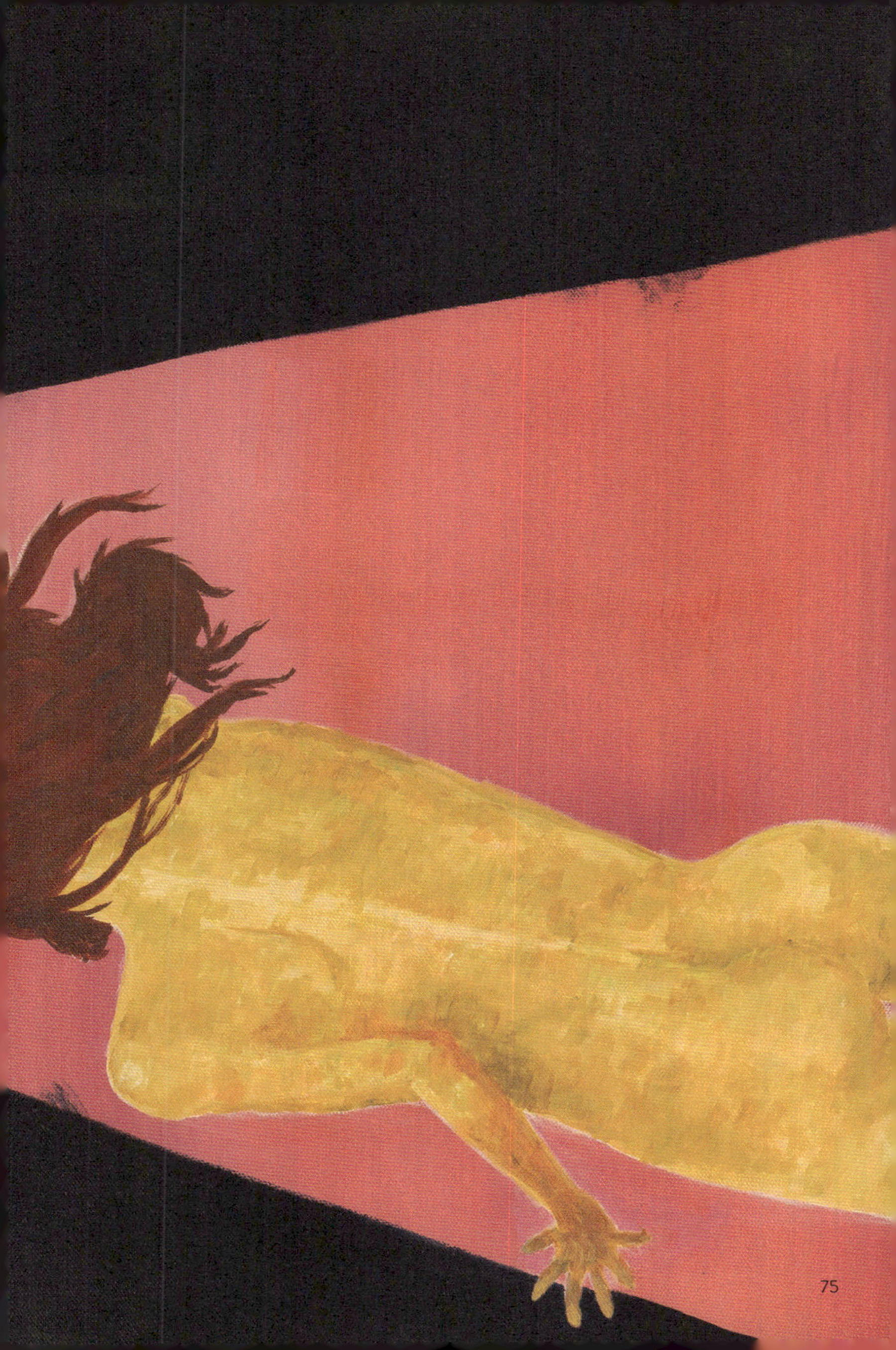

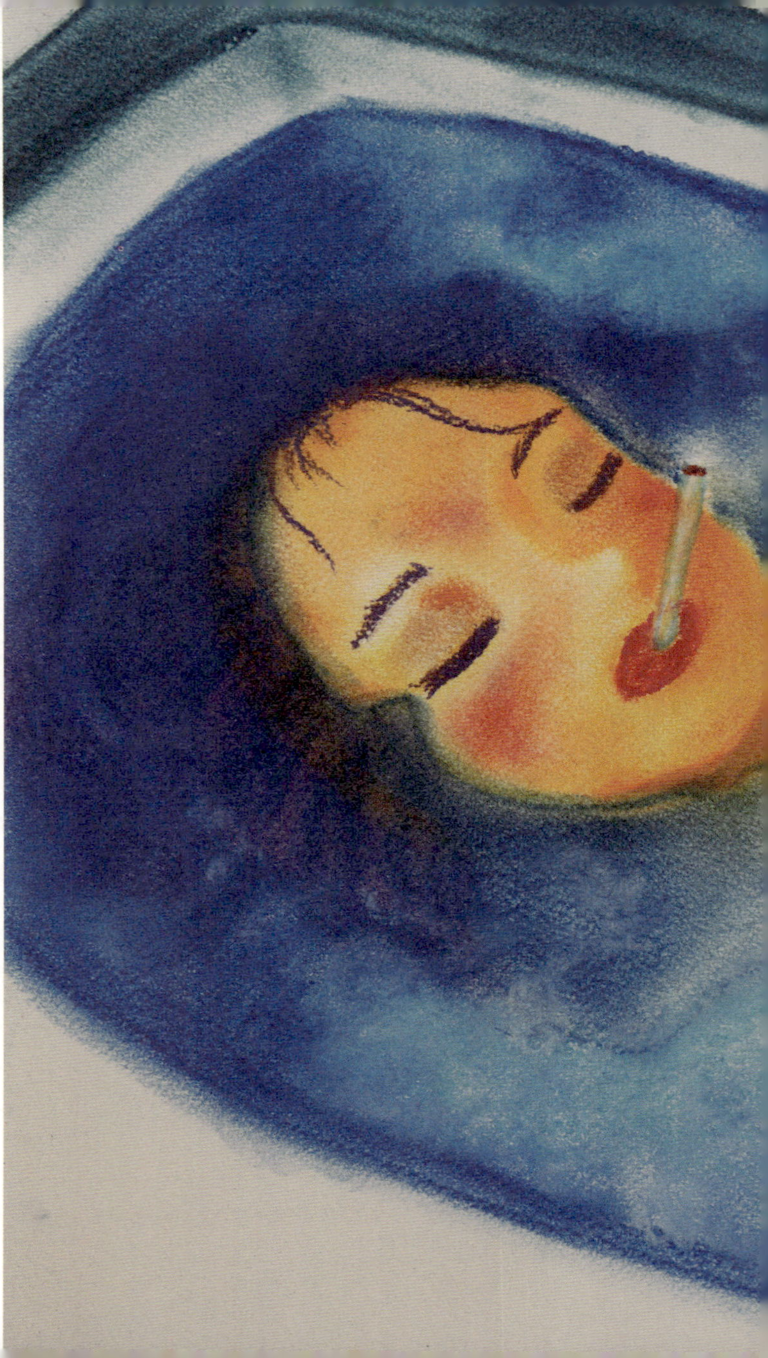

你有在跟自己對話嗎?

有⋯⋯但大多時數沒有。

你不喜歡
和自己對話嗎？

不是，
只是大多時間不知道怎麼做，
有時候成功打開開關，
有時候只是讓思緒更混亂。

我不明白爲什麼世界要提倡和自己對話，
我們就是在追隨世界的步伐！

其實世界一直在變,
的確,人們開始打開自我覺察的意識,
你可以不用透過對話,
只要能好好照顧到自己就可以了。

不知道為什麼突然覺得放鬆了

本來就沒有非走不可的路程，
放鬆下來就更可以感知到
更細小更細節的部分，

按照你想走的步調往前，
這是最棒的唷！

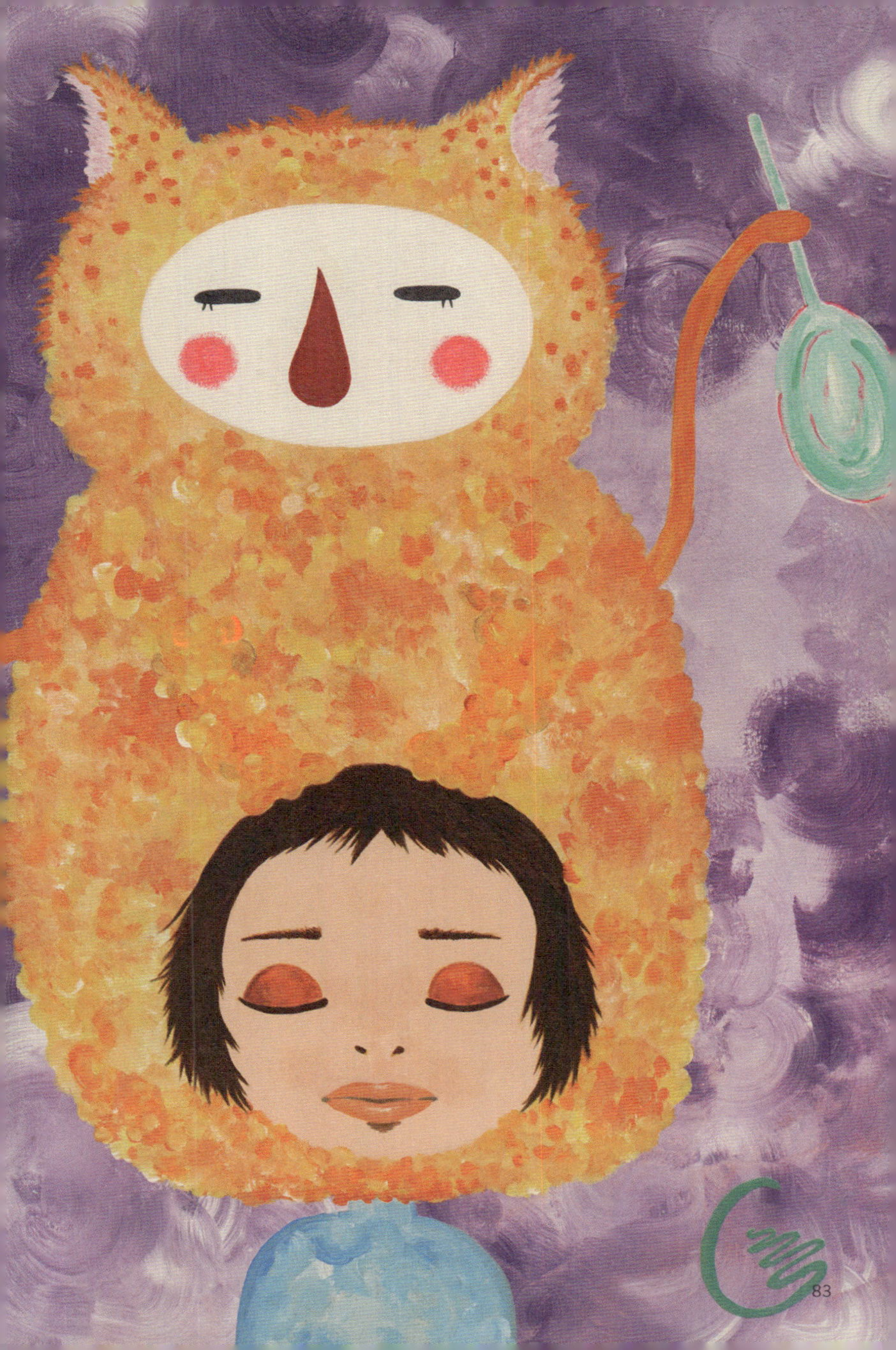

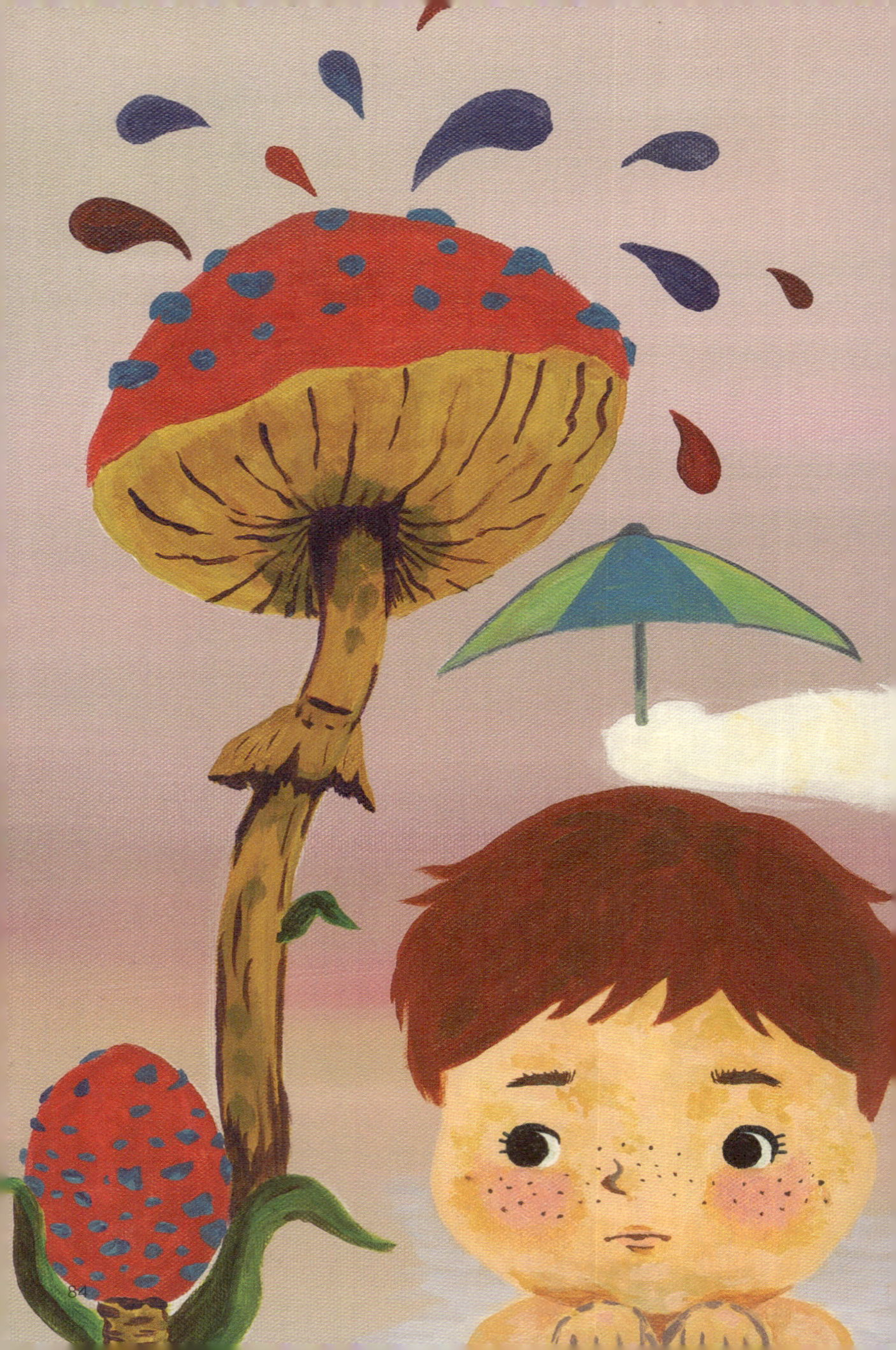

我以前都很害怕聽到
別人說我變了……

後來為什麼不怕了?

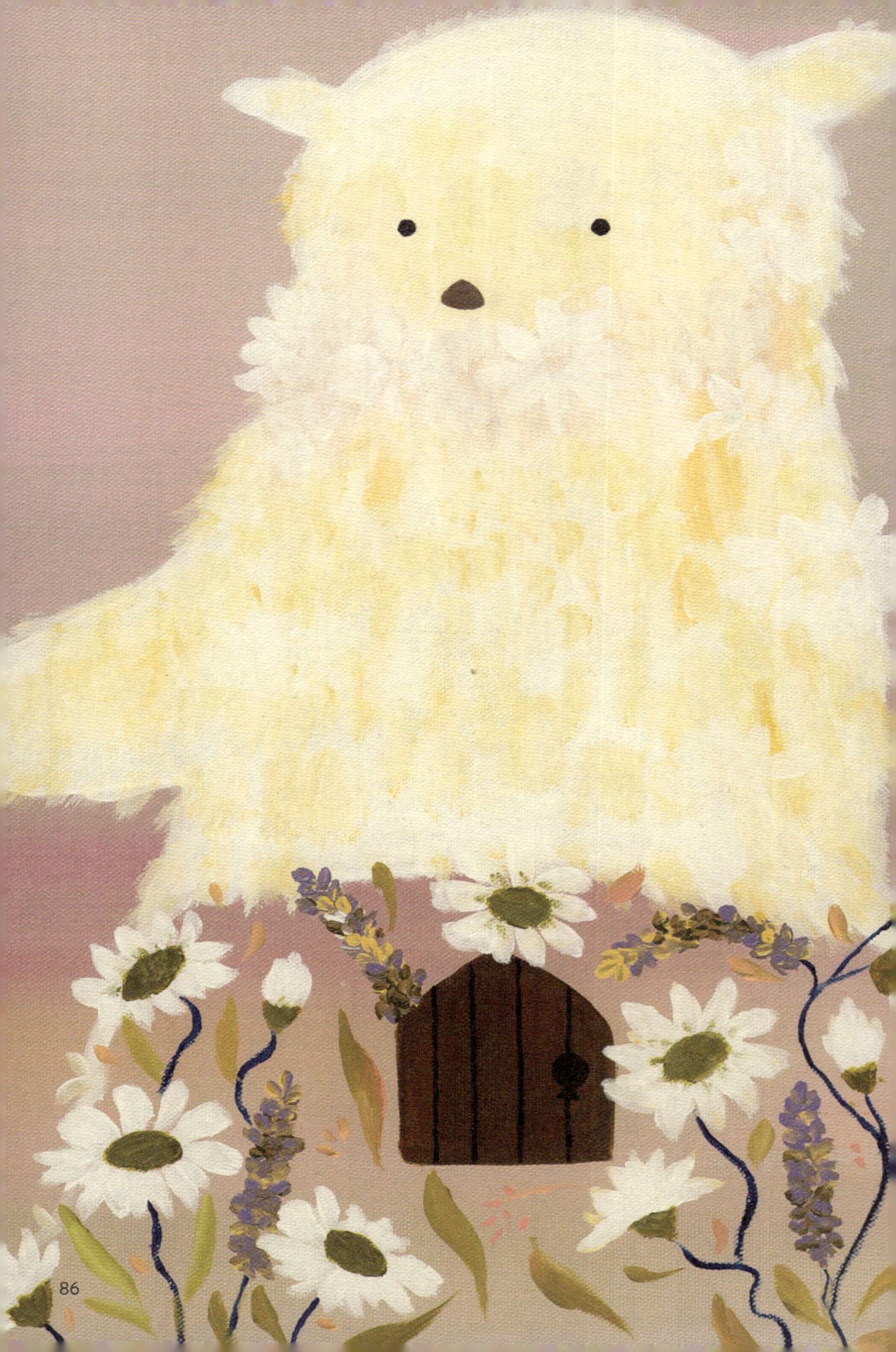

因為人真的會變啊！
我們為什麼會害怕變化呢？

那你最不想改變什麼？

看世界的眼睛吧！
我還是希望可以保留自己的純粹。
我相信無論如何變化，
都能保有這個本質。

什麼是快樂？

快樂是在神秘的宇宙探索未知的內在。
快樂是還能冒險，快樂是擁抱住溫柔的人事物。

童年的快樂
跟成人的快樂
有什麼不一樣呢？

孩子總是因為純真而快樂，
成人因為快樂而純真。

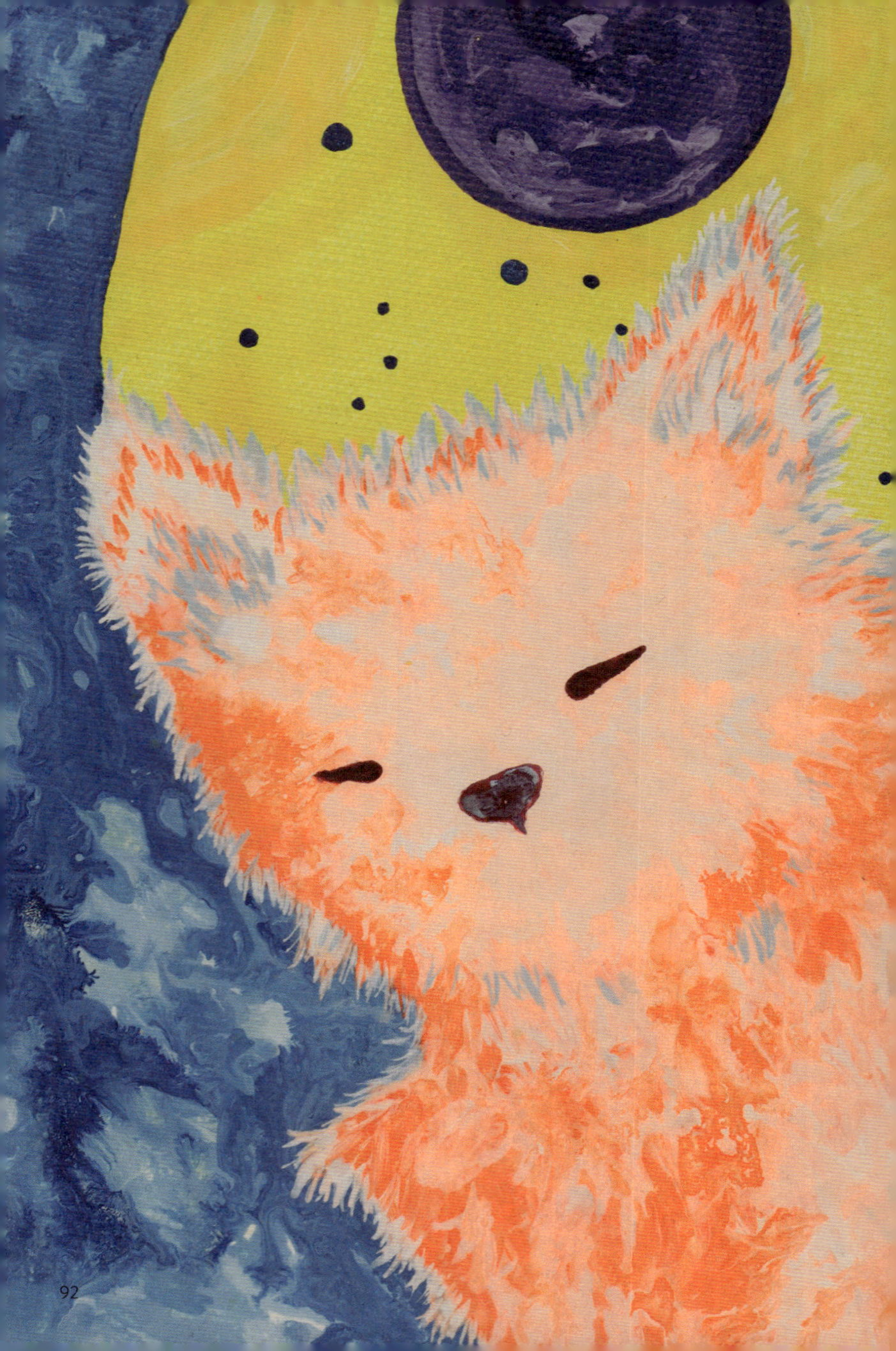

你快樂嗎?

:)

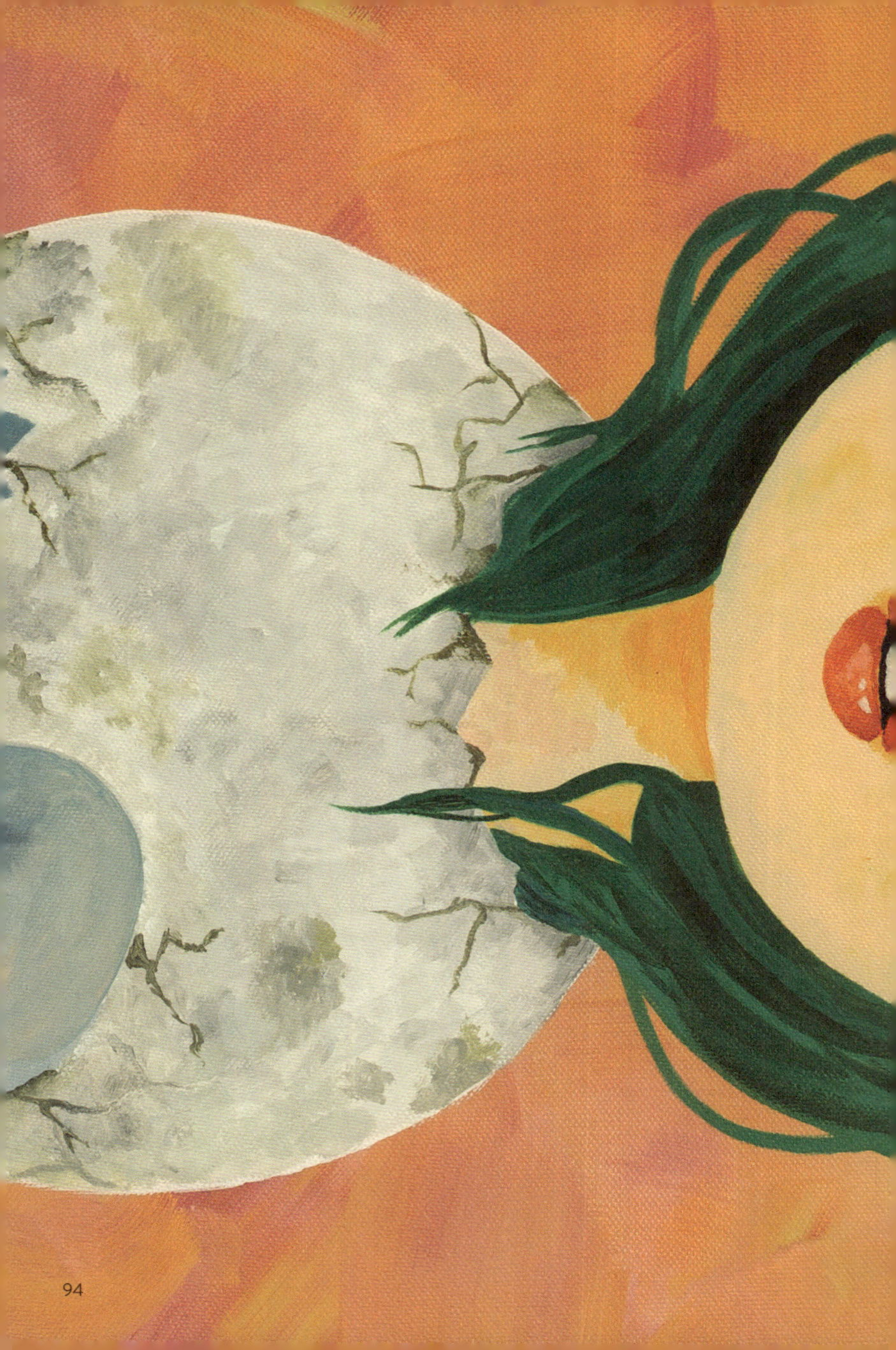

我好羨慕身上帶有光的人喔!

什麼是身上帶有光?

就是他的存在很溫暖
也讓人無法忽略

你害怕被遺忘嗎？

我希望我愛的人記得我，
我也能溫暖他們

你可以！相信就有超能力 :)

是什麼原因讓你走到現在？

因為真的很喜歡啊！

都沒有很低潮
不設看好的時候?

有
。
。
。
但我好像能把那些冷嘲熱諷轉爲我想證明我可以做到的動力，越是不看好我越是想爬也要爬到，

爲什麼我的人生是在別人嘴裡
而不是在我自己身上？

我的成功或失敗都該由我自己定義才公平吧！

101

嘿!謝謝你總是無條件的接收我的一切
……

謝謝你總是用滾燙的水包覆著我
……

每次需要整理思緒
或是說不出來的負能量
我就想好好的與你獨處
……

謝謝你什麼都不說,我需要安靜
……(浴缸)

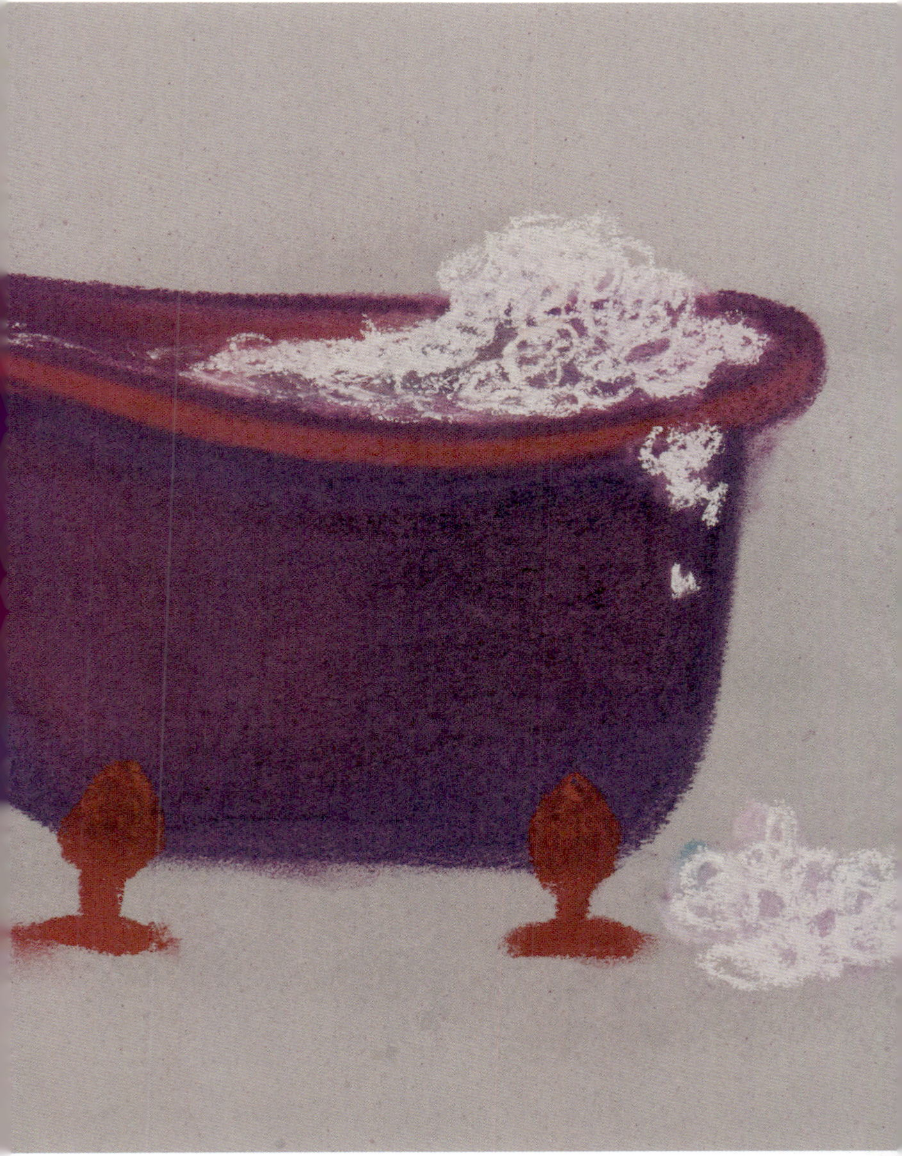

欸～
你不覺得人生
很有趣嗎?

我只覺得人生有時候好難。

你就把人生當作一場闖關冒險遊戲！
有時候你必須徒步爬行，
有時候你必須需要渡船過河，

如果內心能夠平靜的去看待這一切，
那這場闖關冒險就變得格外有意義。

到底要怎麼樣
才能情緒平穩的看待
這些突發狀況呢？

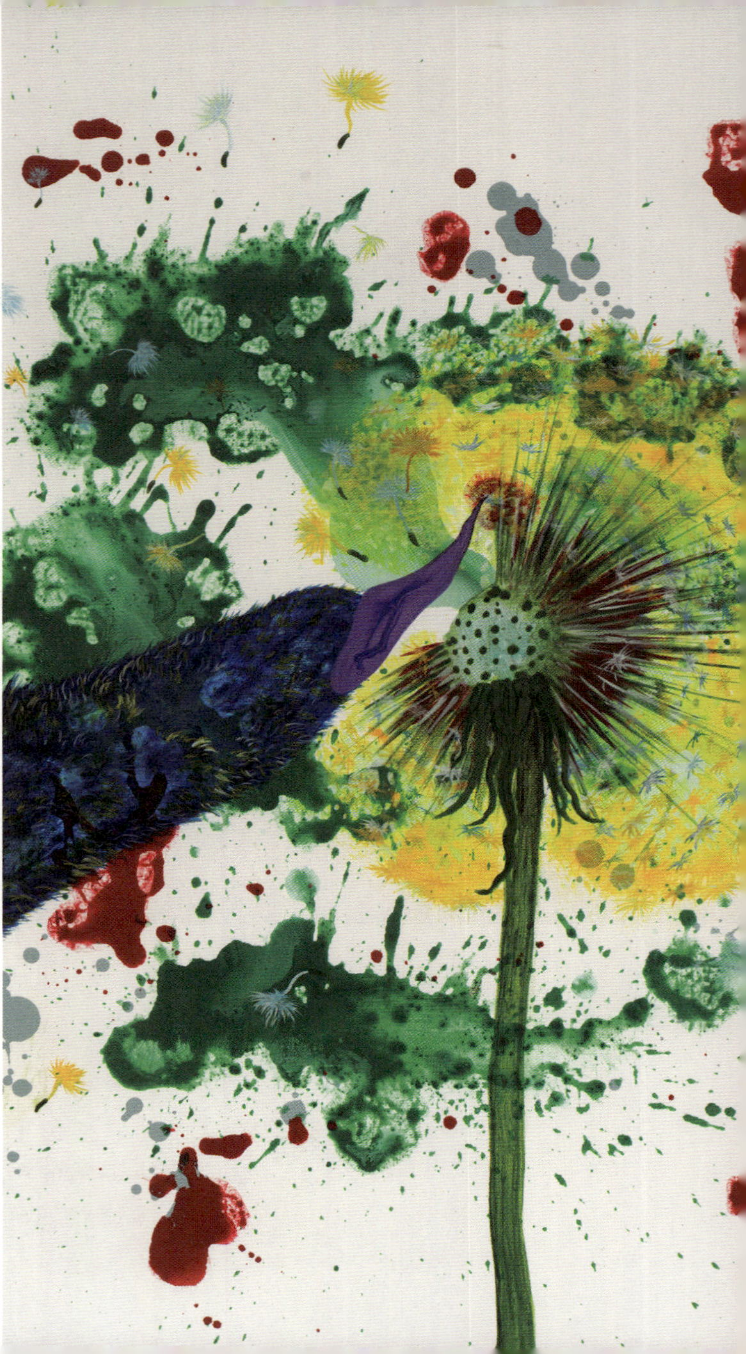

保持自己的節奏，堅持自己的信念，
那些突發狀況就能視為人生的驚喜。

嗯～好像開始有點期待每一天的到來了:)

「每次思考的時候都喜歡躺在你身上!」

地毯:
那請記得清一下橡皮擦屑,還有你的頭髮。

「對!每次當我思考結束之後起來,
就會意識到這件事情,
但好像去洗個筆或是調顏料之後就又遺忘了這件事情。」

地毯：……

「欸！我每次進到工作室看著你都會想，如果到了搬離工作室的那天，不知道你會長什麼樣子？」

地毯：你喜歡我現在的樣子嗎？

「我滿喜歡的啊，顏料隨性地潑灑在你的身上，不知道最後會變怎樣。」

地毯：原來不知不覺我也變成了另一張畫布了！

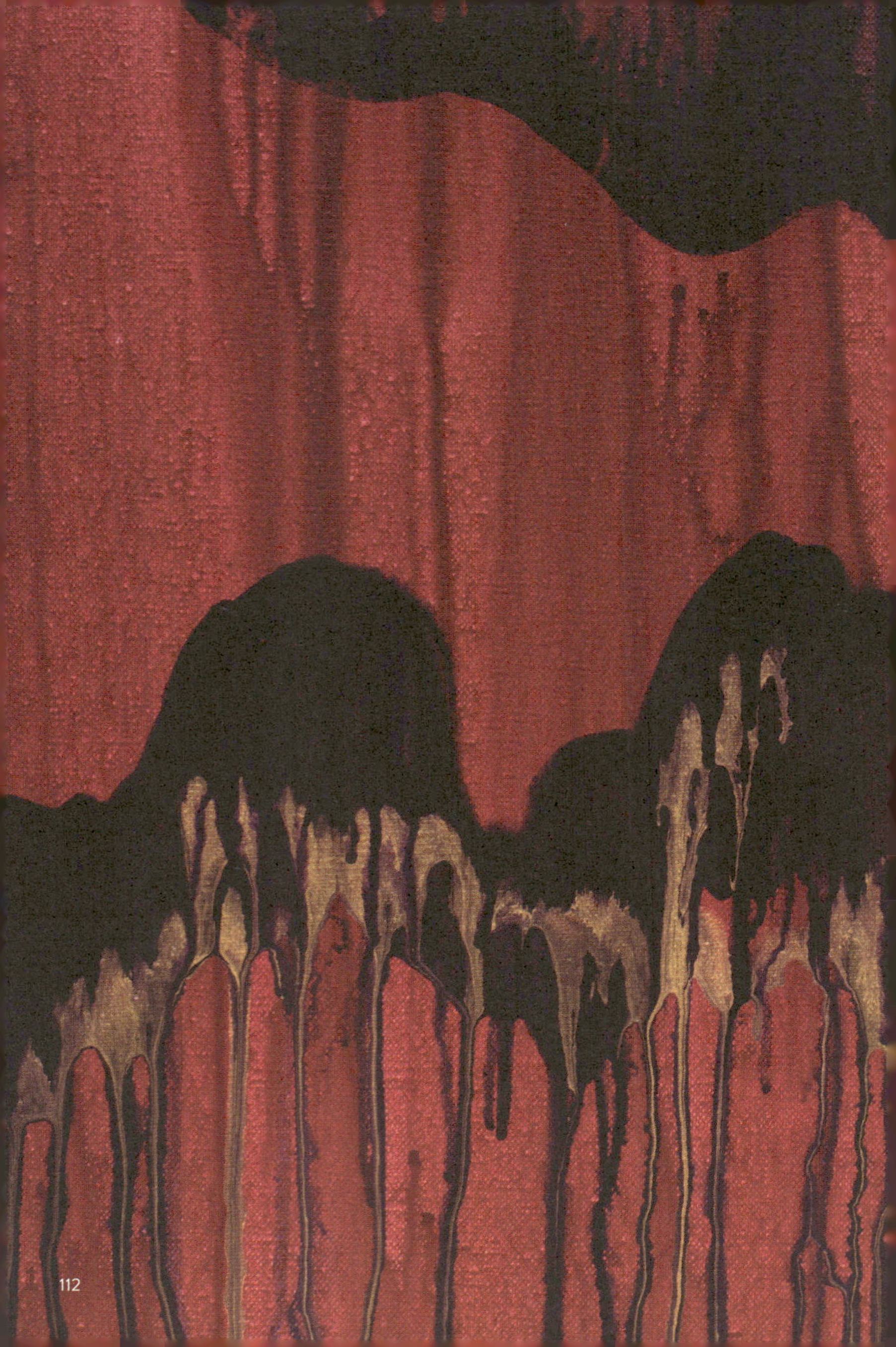

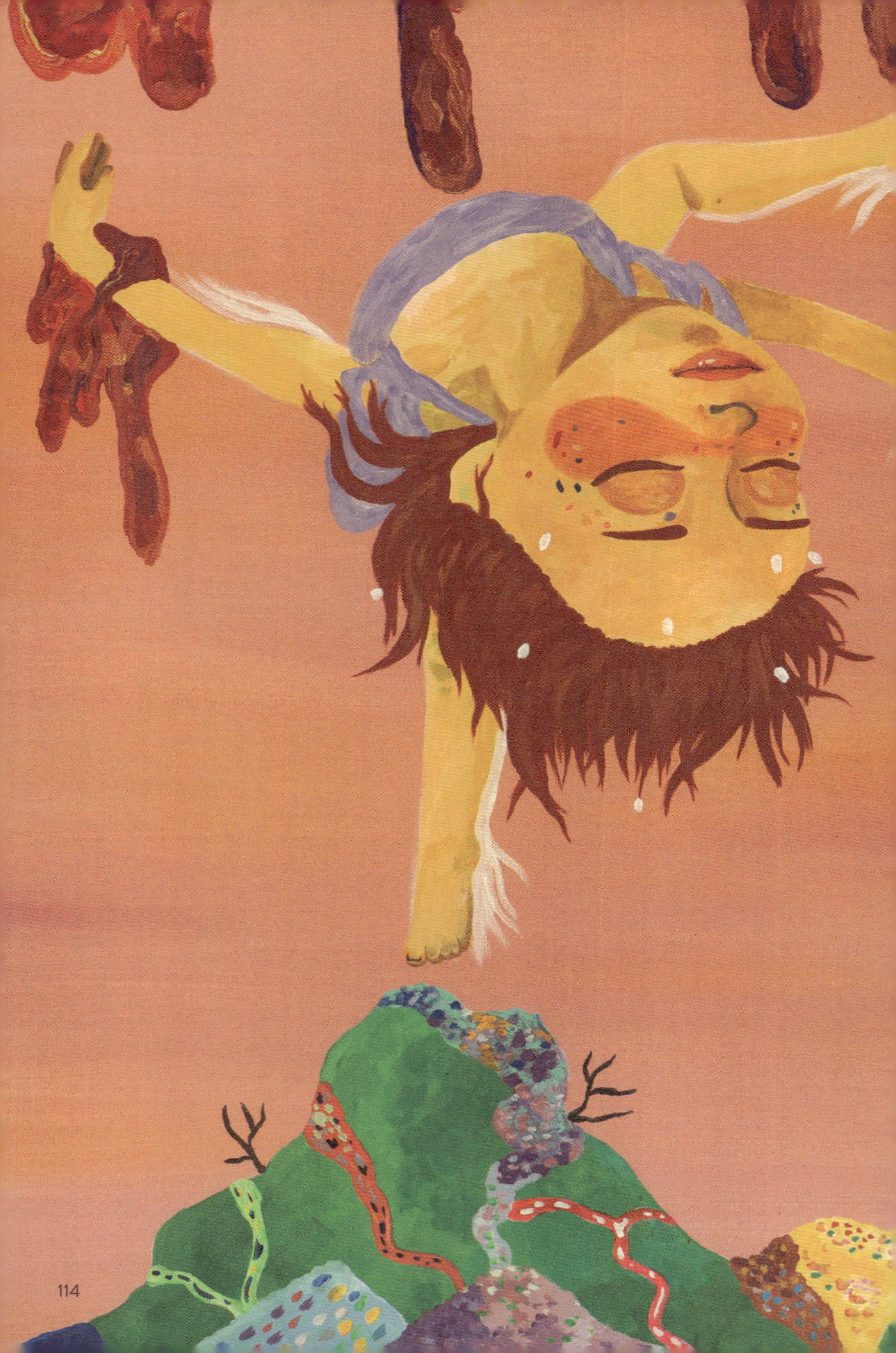

你在跳什麼？
以我為名的舞蹈

蛤？
我希望在這一刻我只跳我想跳的，
直到我筋疲力盡為止。

就算沒有掌聲？
嗯！沒關係，
那不重要！我只想享受這悸動

真棒！
跳著轉著就會看見新風景的！

人生就像是不停地上色
可以是透明、混濁、多彩的
每次的完成不是結束而是開始

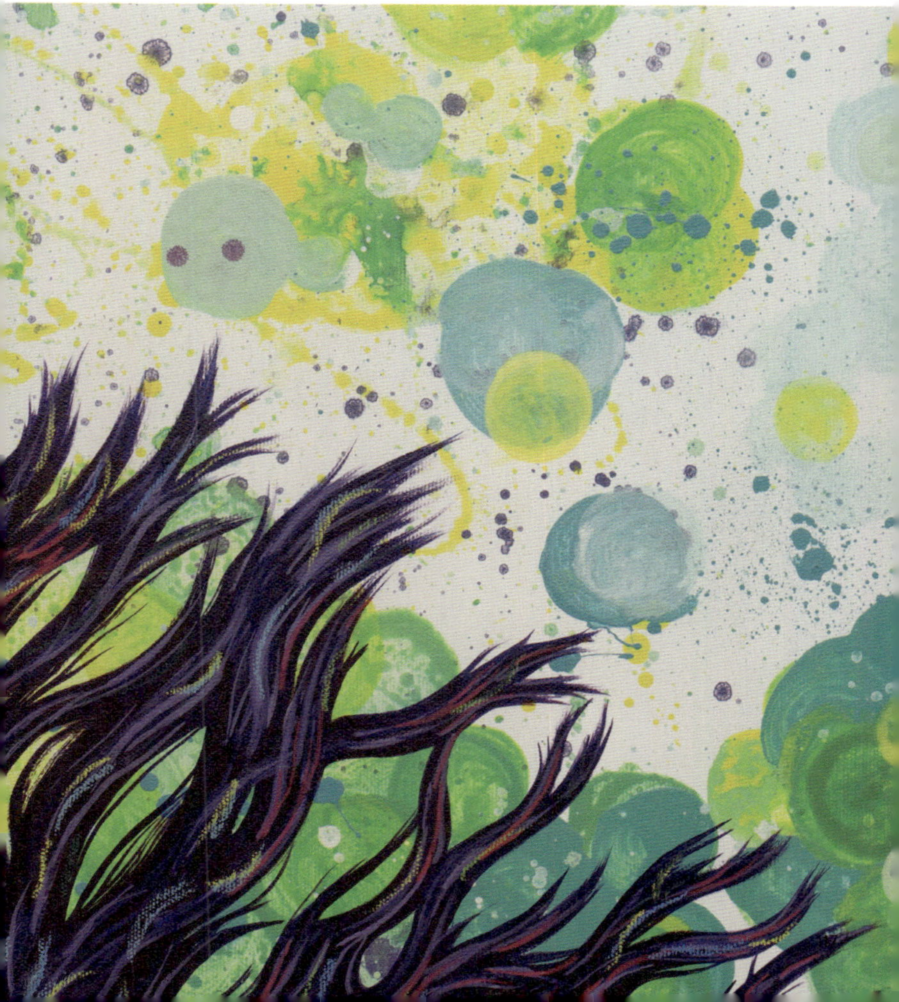

我覺得自己畫得很爛。

那你怎麼敢辦畫展?

可能…
就是一時的情緒吧……

覺得現在不做，
以後好像也不會做了

121

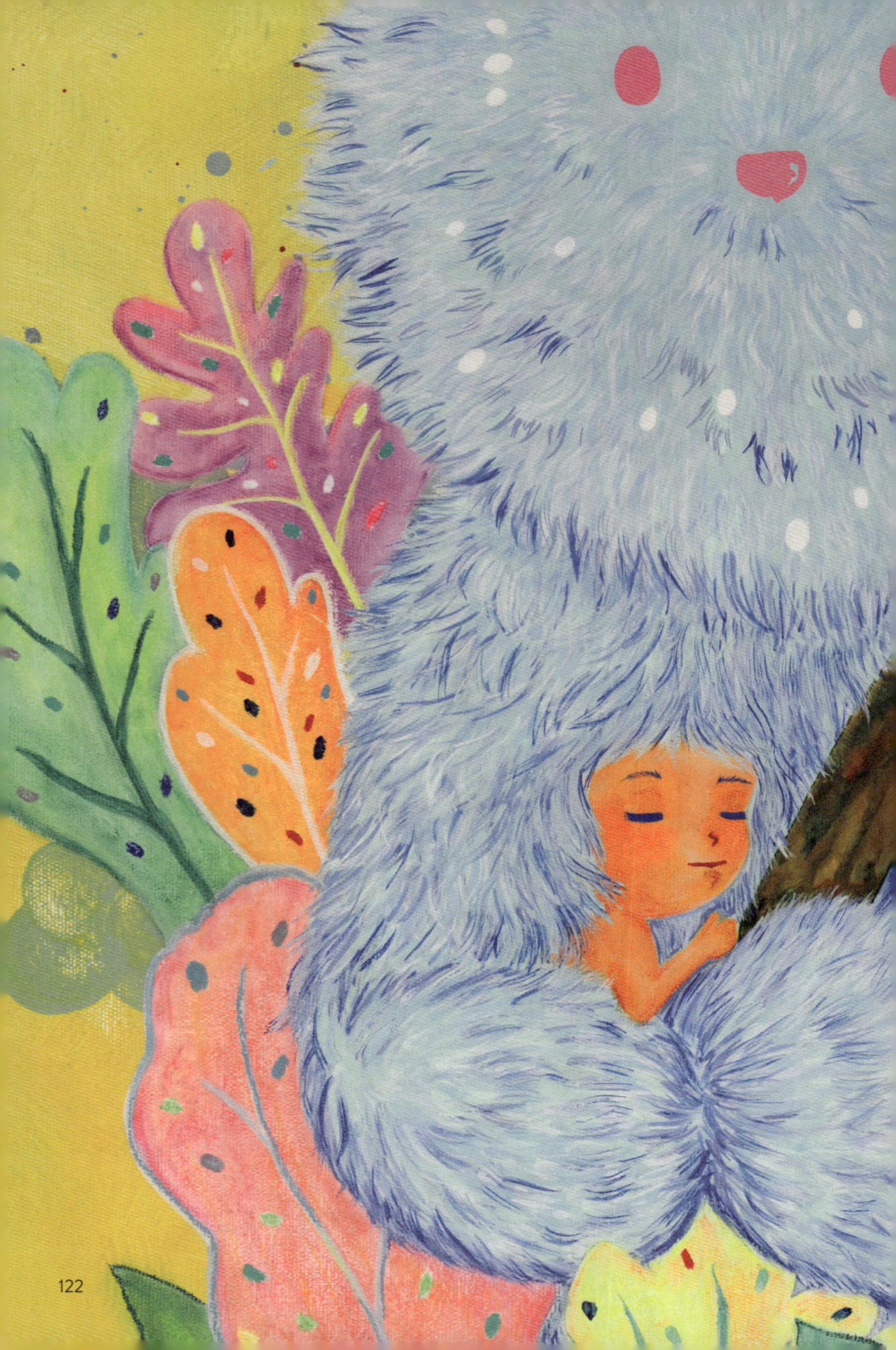

所以只是為了不讓自己後悔？

以及也想要持續的成長吧。

所以是畫得很爛還是畫得不夠好？

嗯……可能沒有夠好的那一天吧，
心想要看看自己能不能接近更好的樣子。

說再多還不如花時間畫畫！繼續努力吧！

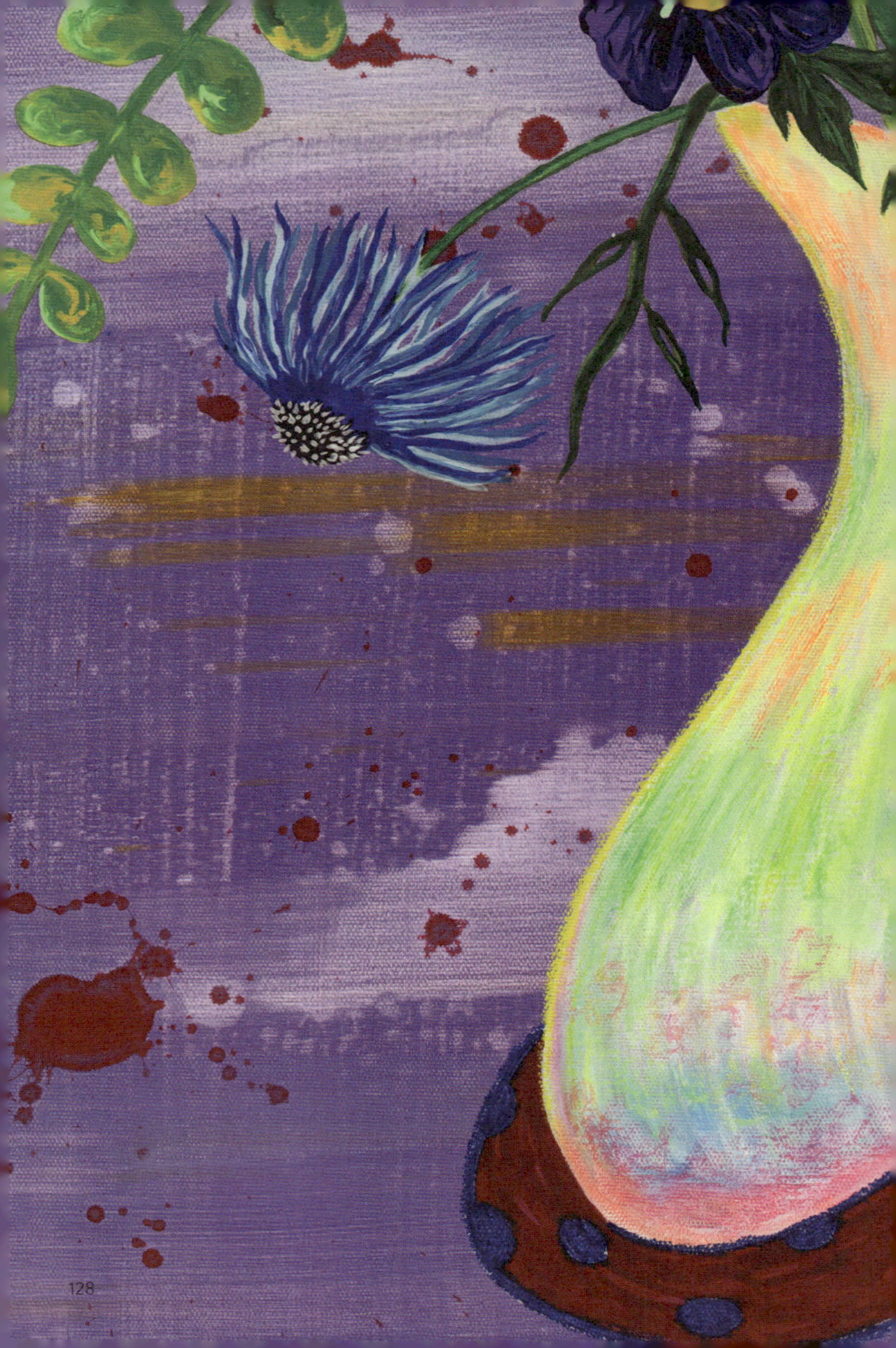

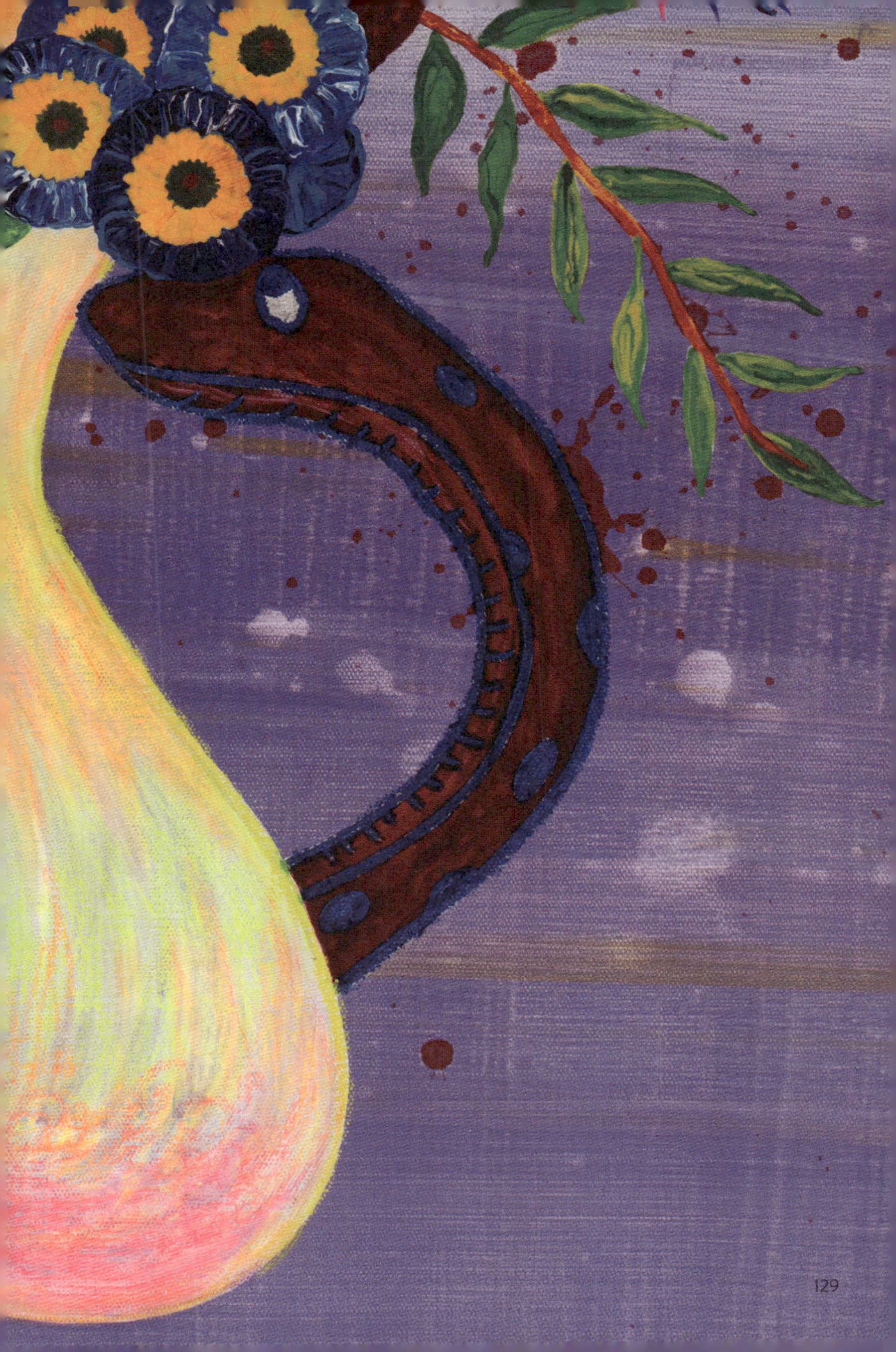

當你緊緊擁抱你所相信的事物
最終都會因著你的信念而變得柔軟
而這柔軟能成為最堅韌的光包圍著你

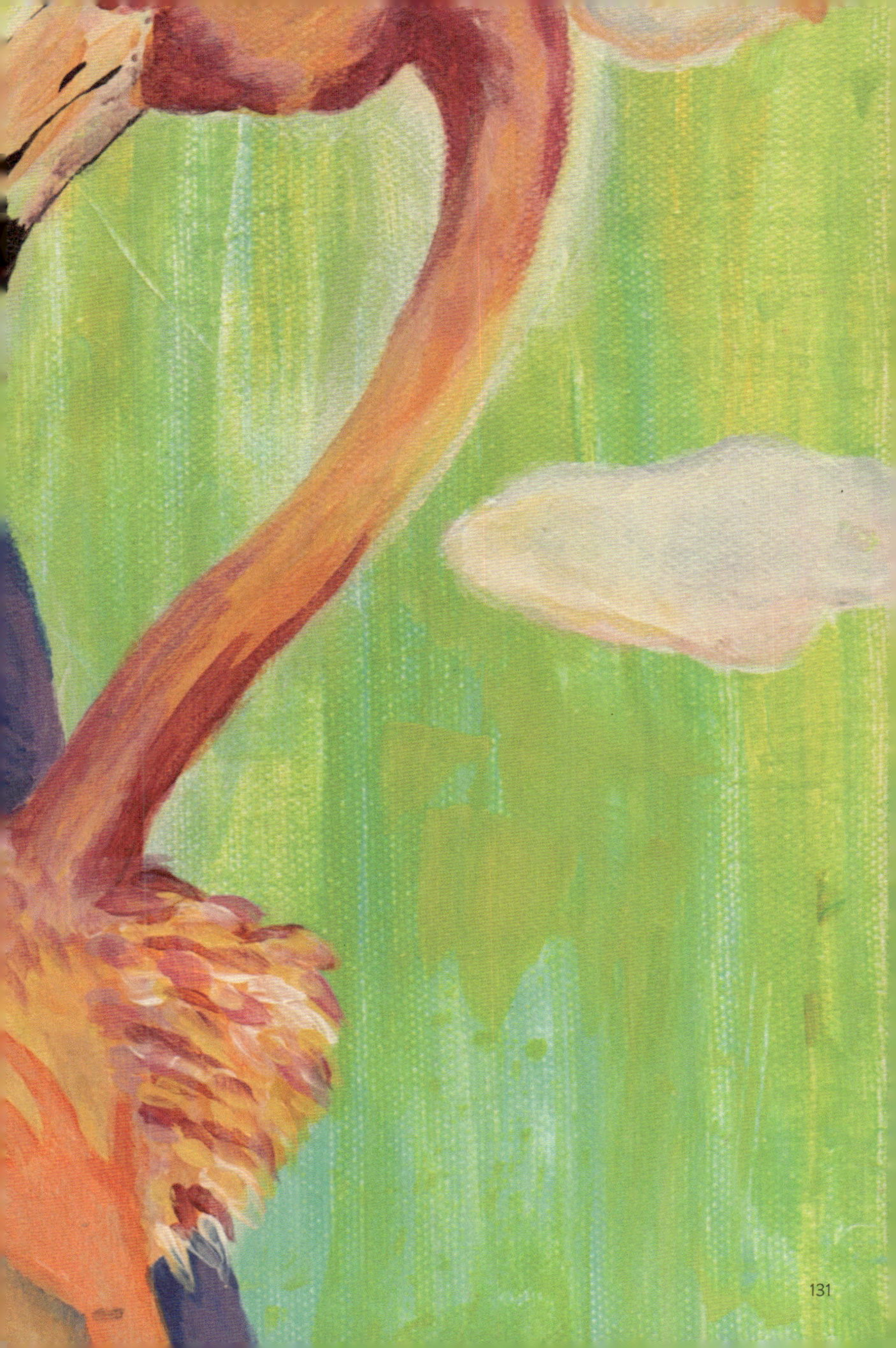

謝謝你，如果不是因為你，

我可能早就被我的自卑感擊敗。

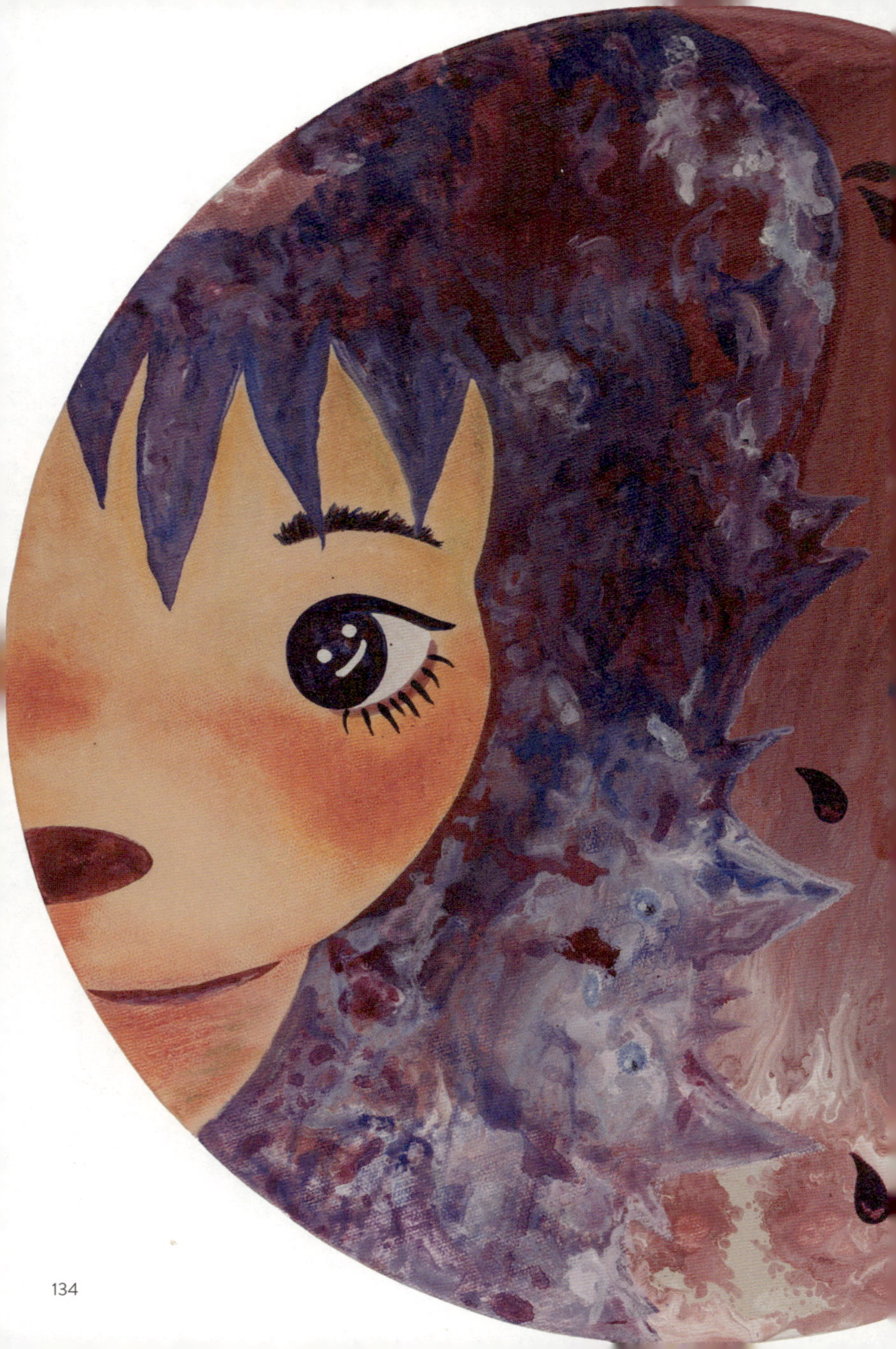

我做了什麼?

可能就是……過了幾天之後,
你好像就可以忘記這些感受,
然後帶著傻勁繼續做下去。

可能想要看看
自己可以走到哪裡?

嗯!對!那就繼續走下去吧!

畫畫很像在照鏡子
在畫畫的當下你的自信、
你的不安、你的焦慮
都會如實地反映在
畫布和顏料上面

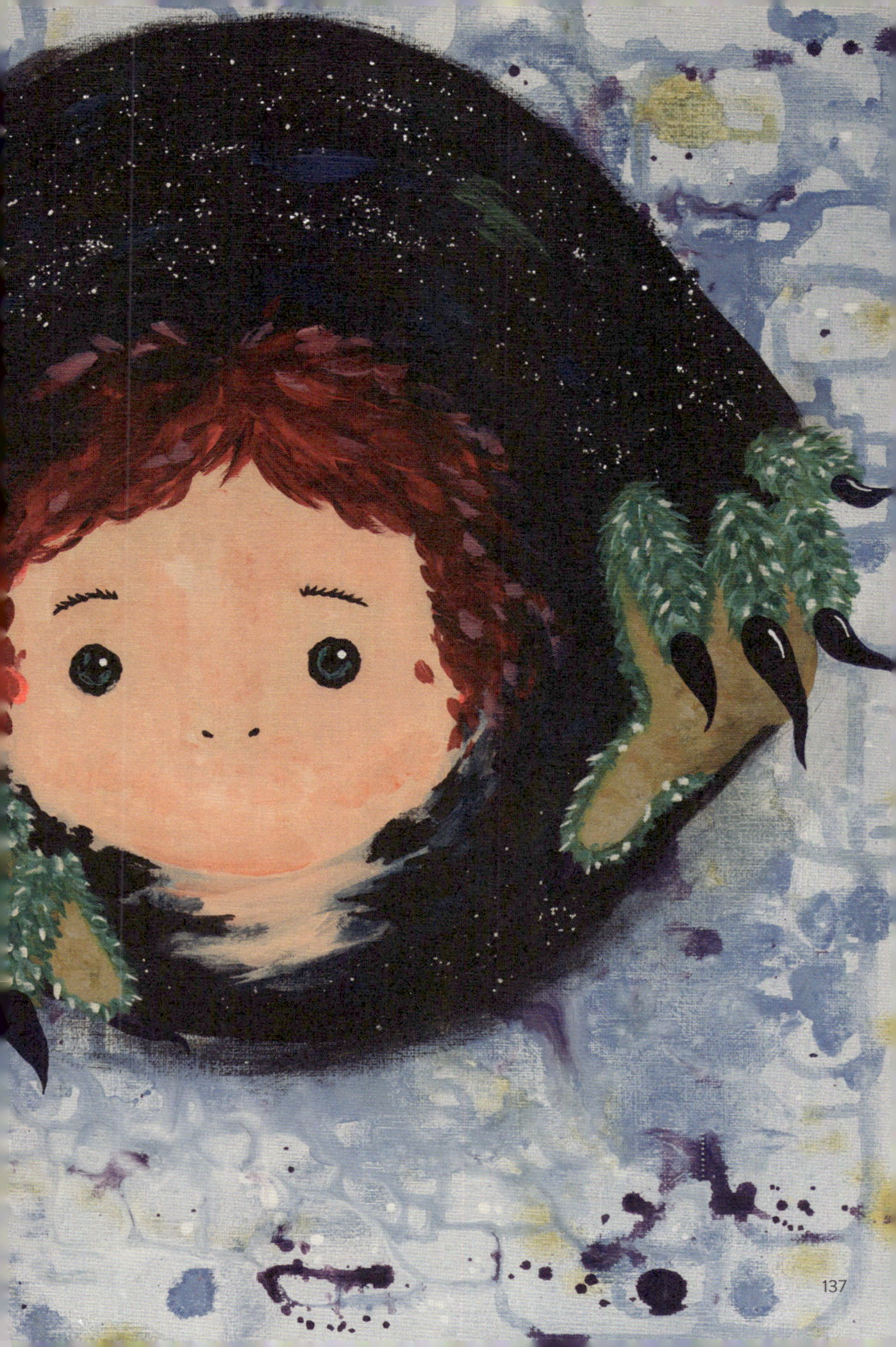

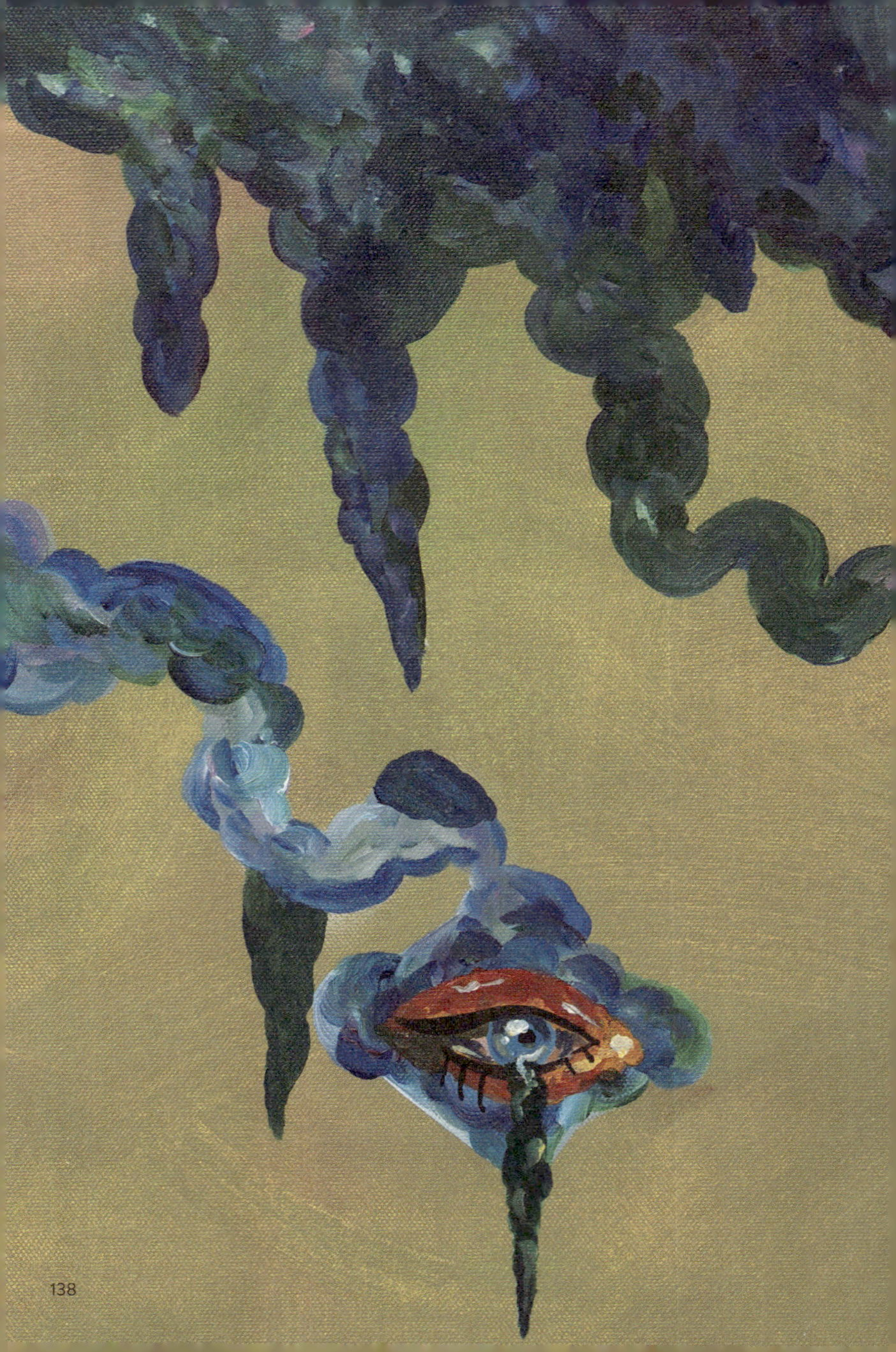

擊垮自己的
永遠是自己……
那你可以適時的放過自己嗎？

白天做得到晚上做不到。
那你晚上是怎麼度過的？

就是在腦海裡不斷使用大
絕招對付自己直到筋疲力盡
睡著了，才結束這回合。

那你怎麼撐到現在的？

白天好像就擁有了超能力，
與其想這些不如去做些什麼，
就算失敗了我也不後悔，
起碼我做了！

你好人格分裂喔！

對～但這就是我:)

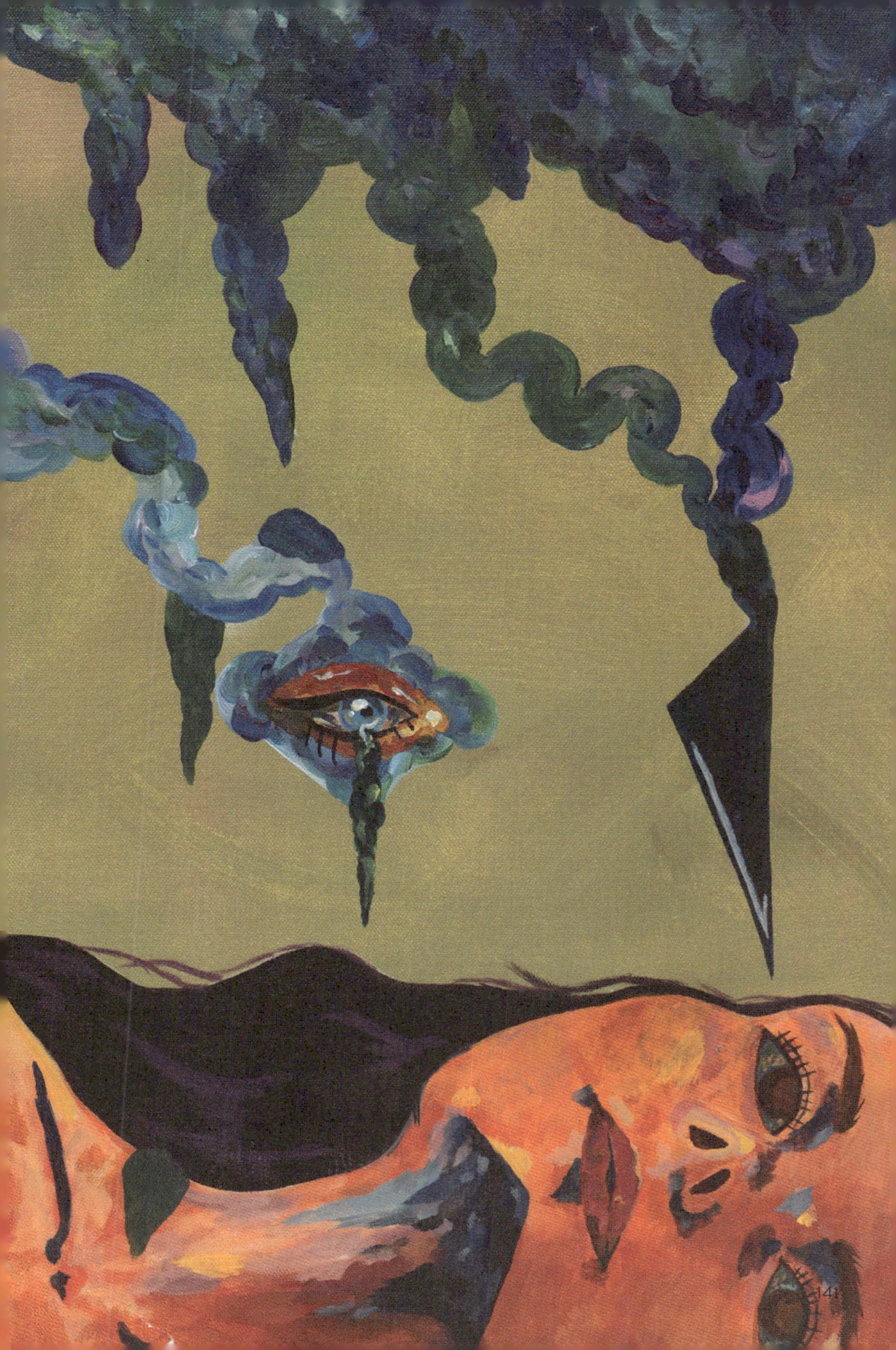

有
時
，
對視流淚
是孤獨好好被接住的那一刻

曾經以為無用的情感
卻是回歸平靜的起點。

人

只有在最孤獨的時刻，
才會知道自己真正要的是什麼，
畫畫就是我想緊緊抓住的。

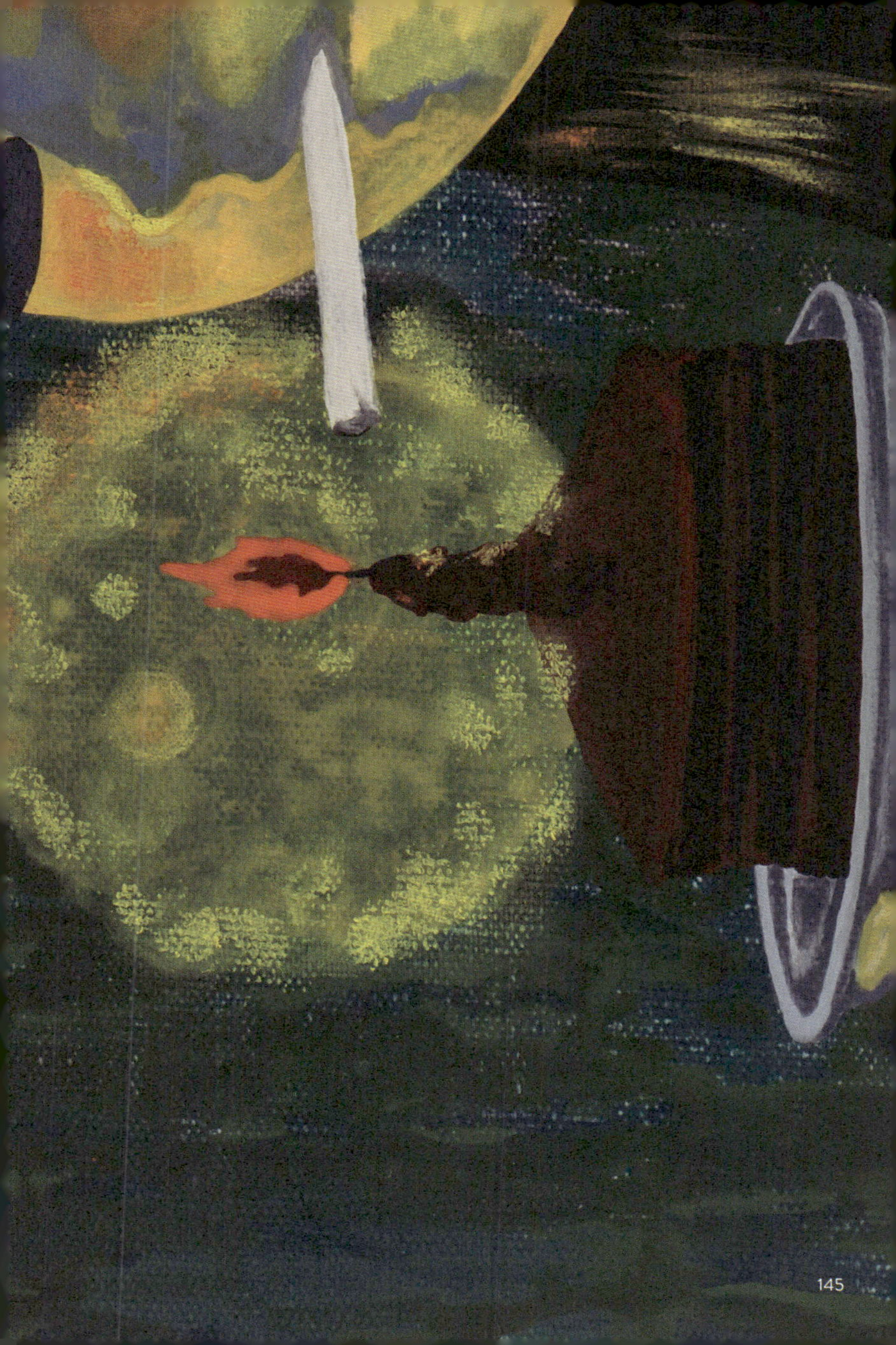

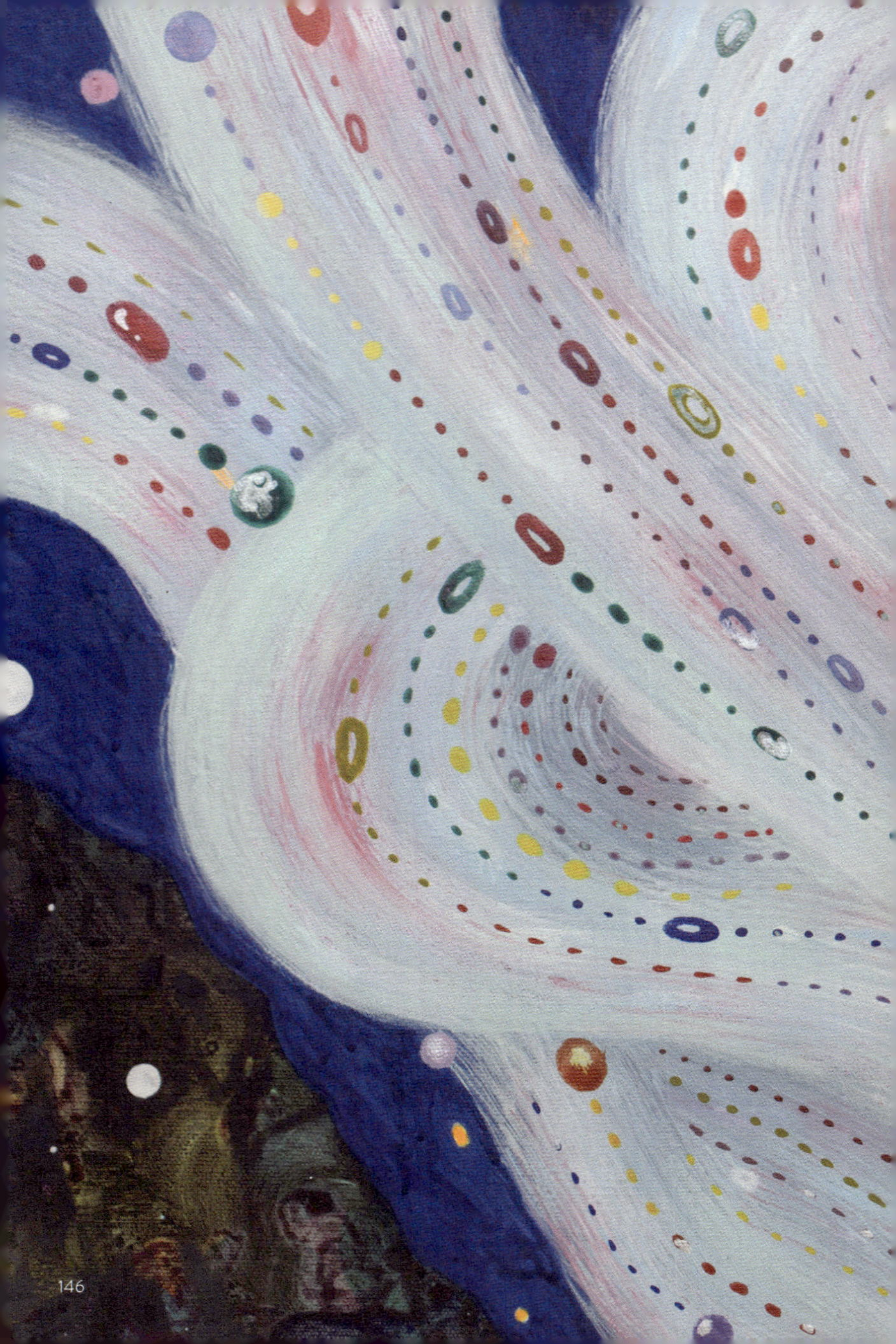

不停不停的往下墜落

好像在這個夢境裡我不用害怕游不上岸

小小的我被黑暗吞噬著

而我則是旁觀的第三者

中性的看著這一切發生 沒有任何感覺

面對痛苦麻痺著

嘿！你還醒著嗎？
　　　是誰在說話？

是理性的你在說話
　　‧‧‧‧‧‧

該醒醒囉！
不要再陷入情緒黑洞裡
……我還在墜落

我已經把你拖上岸了！
去曬曬太陽！去擼擼狗！
好……我起床了……

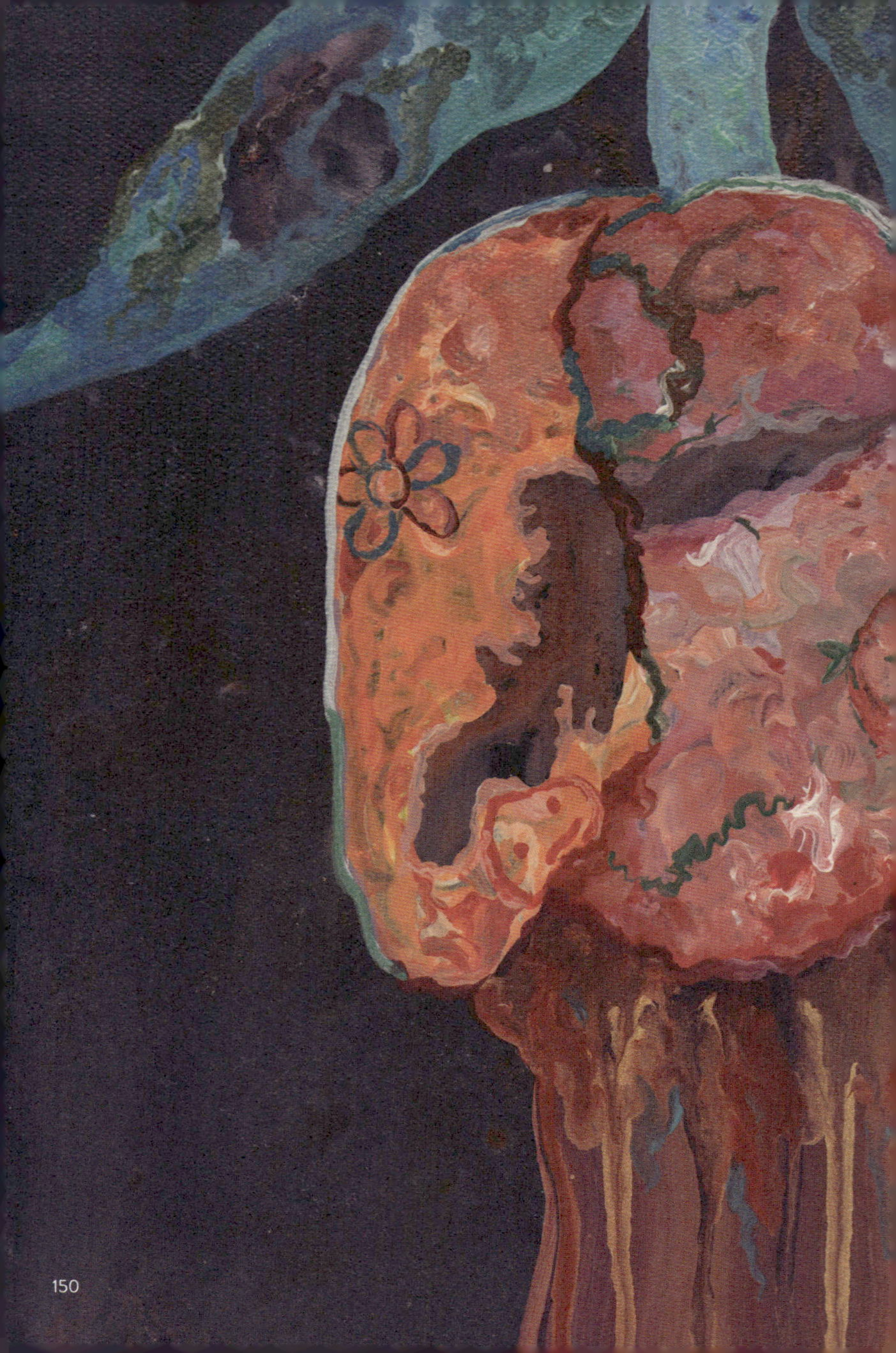

就算傾洩而出都是垃圾
也是可愛的垃圾

行走在浩瀚的宇宙裡，
你不是一個人。

153

「我每一次只要看到杯中的你乾涸了，我的心就在淌血。」

顏料：
你心疼的不是我乾涸了，而是你的錢沒了。

「嗯……但你真的不便宜啊！」

顏料：
你知道的，一分錢一分貨。

「也是，我就是戒不掉你的飽和度還有延展性。」

穎料：
多虧了我，
讓你腦海的顏色可以呈現在畫布上，嘻嘻。

「多虧了我，讓你不是擺在美術社積灰塵！」

穎料：多虧我們有彼此：)

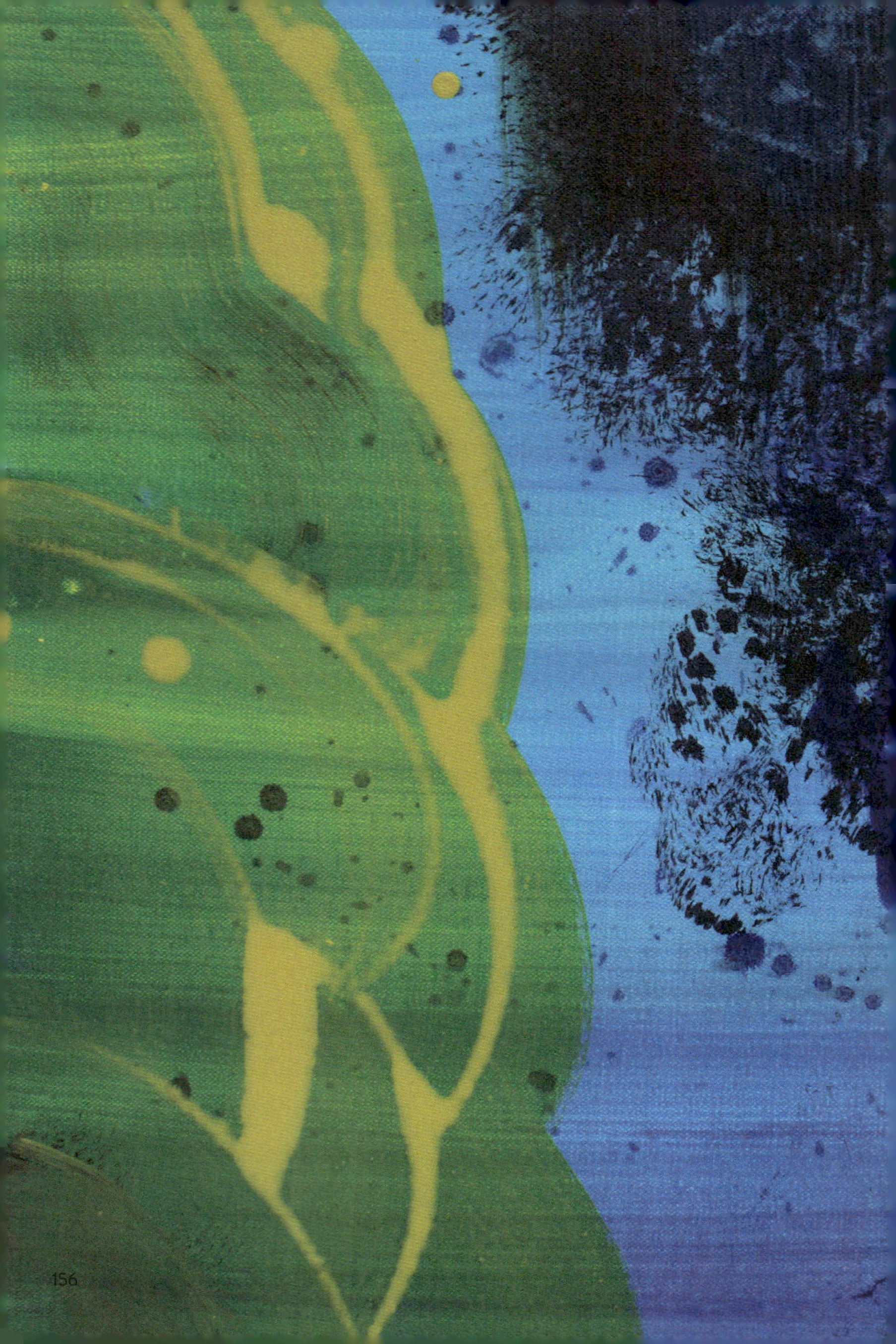

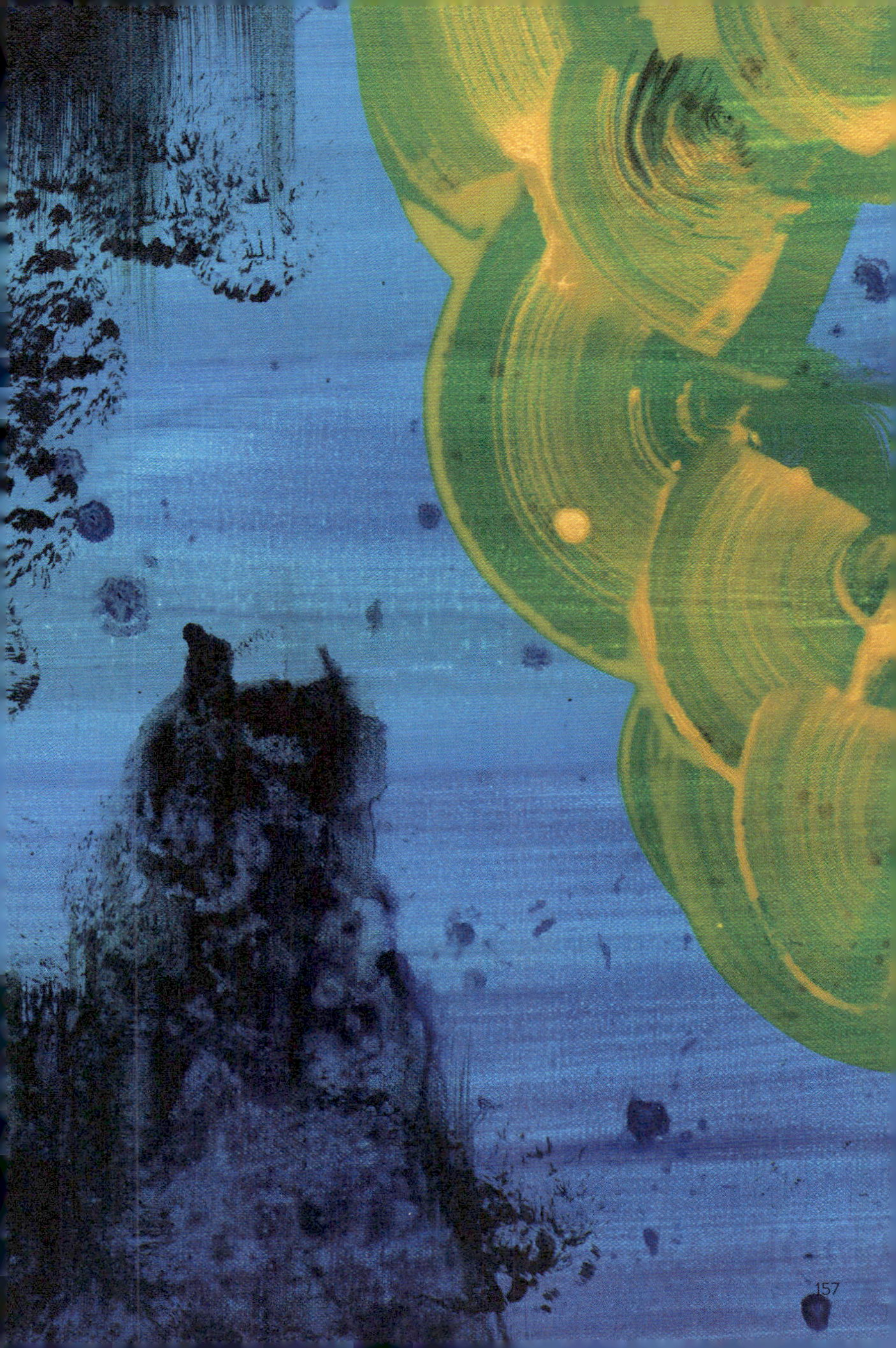

是夠夠讓我看見我是值得被愛的

159

認識你，
我才知道原來人真的會真心
許下最平凡的願望。

希望你平安，幸福，吃飽，睡好，
　　無憂無慮，快樂長大。

我很愛你 你知道嗎?
(深情對望)

那你是最愛我的嗎?
(熱情回應)

不管別人對你再好我的地位都是第一吧?
(熱情回應)

好!!!(親親攻擊)
我今天又充飽電了!

163

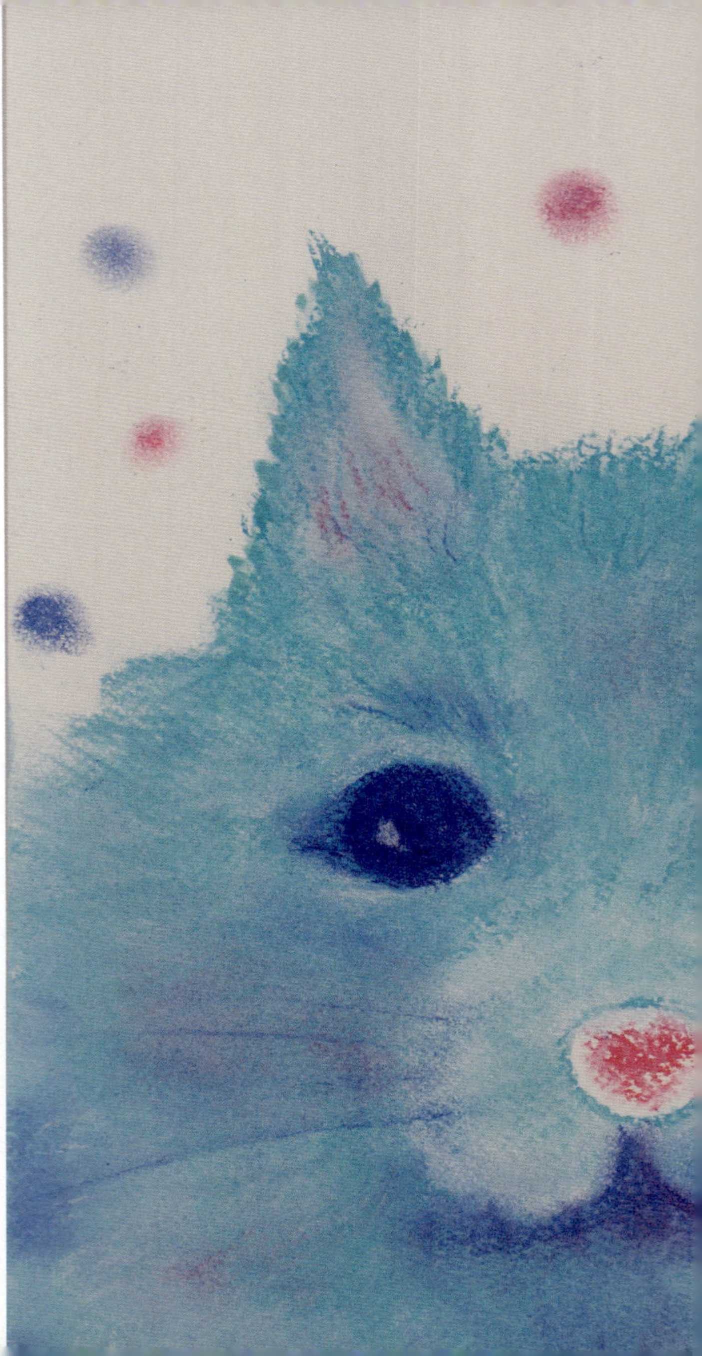

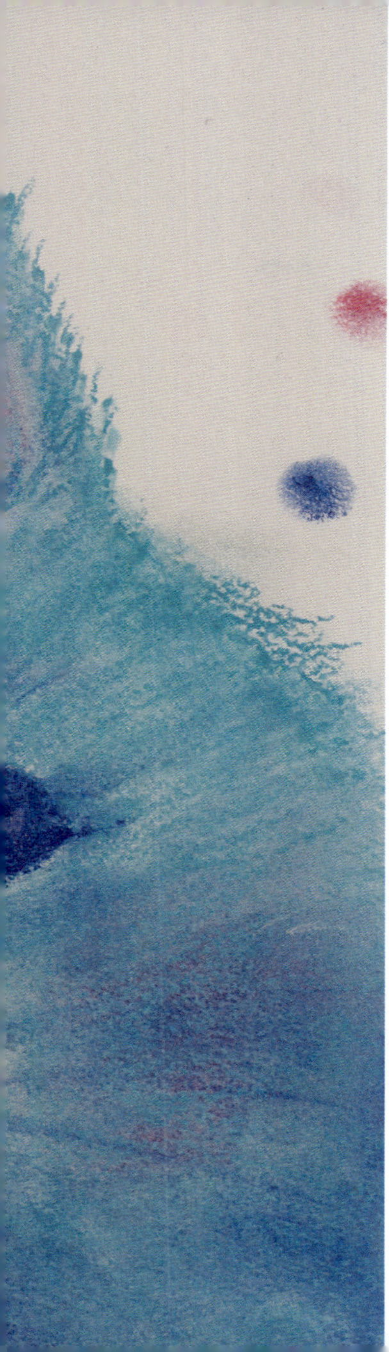

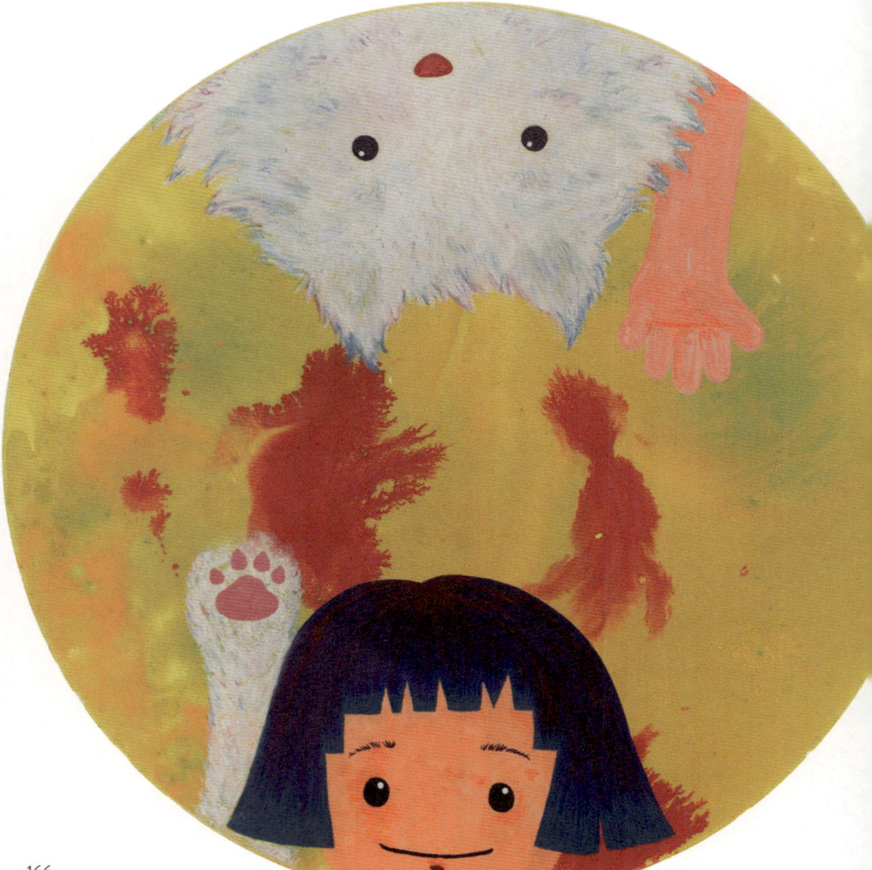

勇敢不是與生俱來的
是一次次挫敗裡掙來的

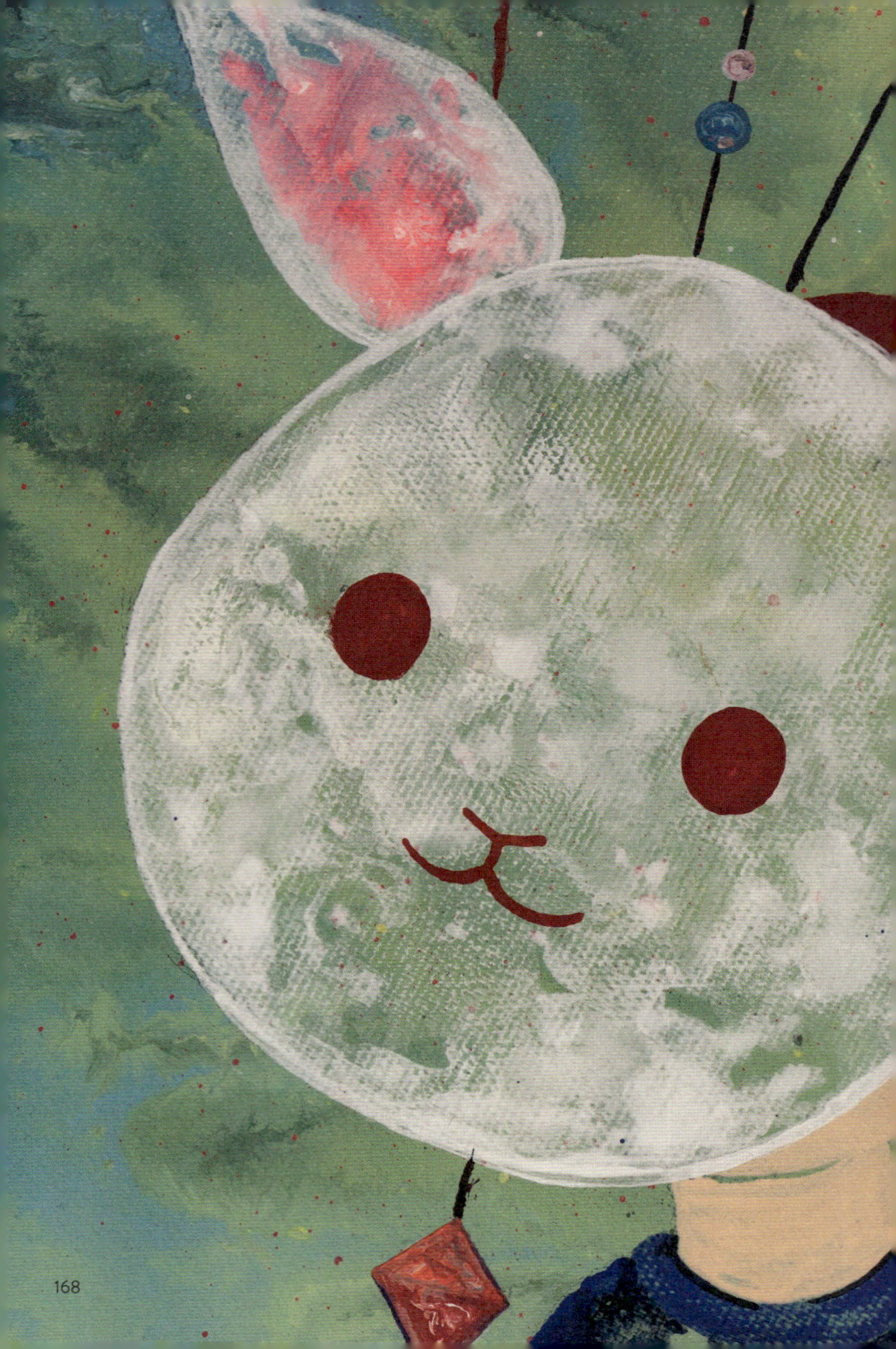

演戲幫助我獲得新技能的同時也帶著困惑前進
畫畫讓我把這些不知為何的困惑畫出來
梳理著生命的課題
好像當我不再尋找答案時也找到答案了

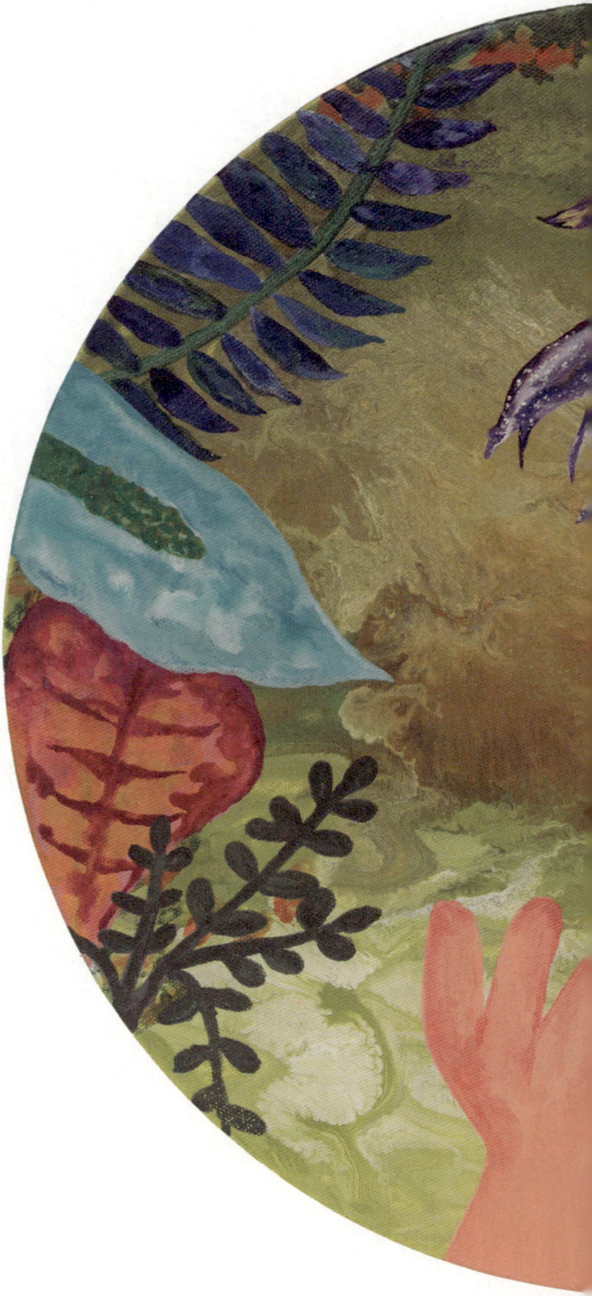

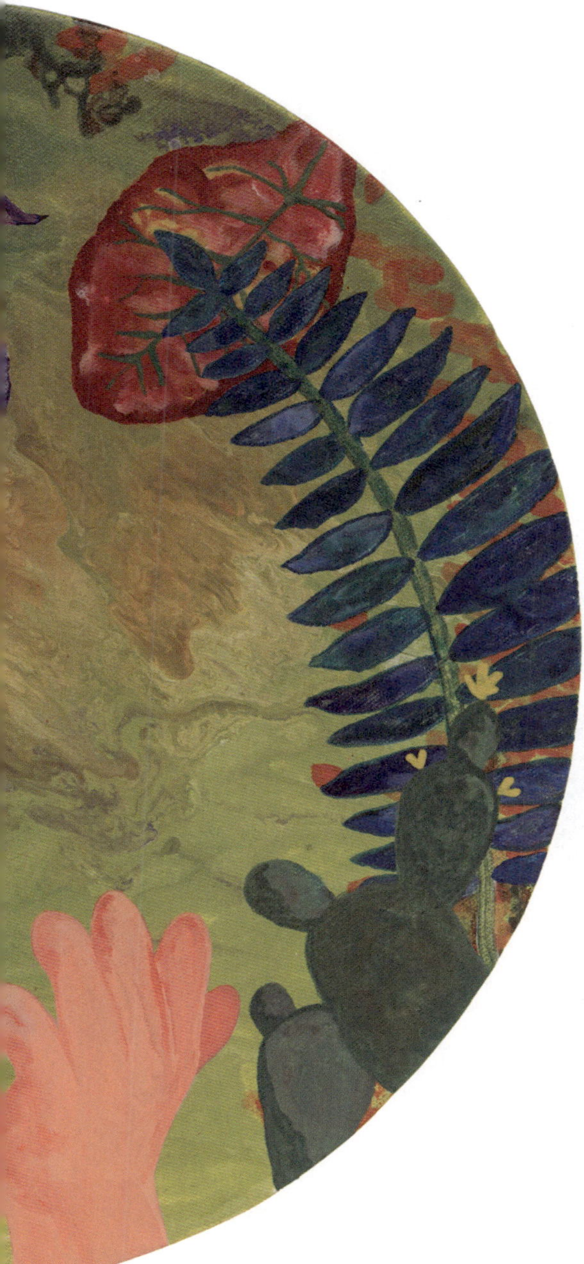

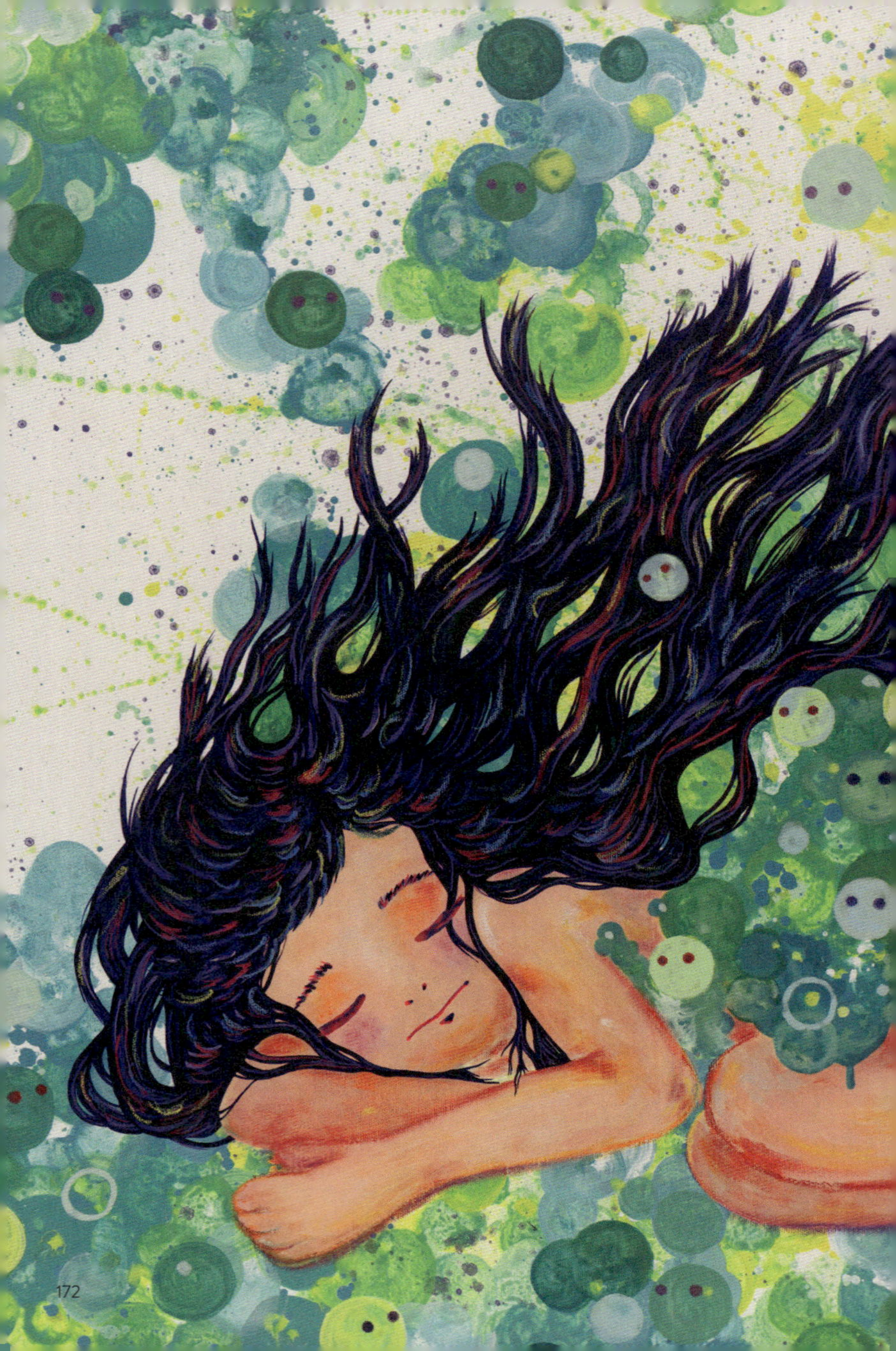

在一片綠色的寂靜裡，
她的目光是深夜的海，
既燃燒又渴望平靜，
剛強與溫柔相生，
在生命裡刻上斑斕的故事，
<u>有時會痛，卻很深刻。</u>

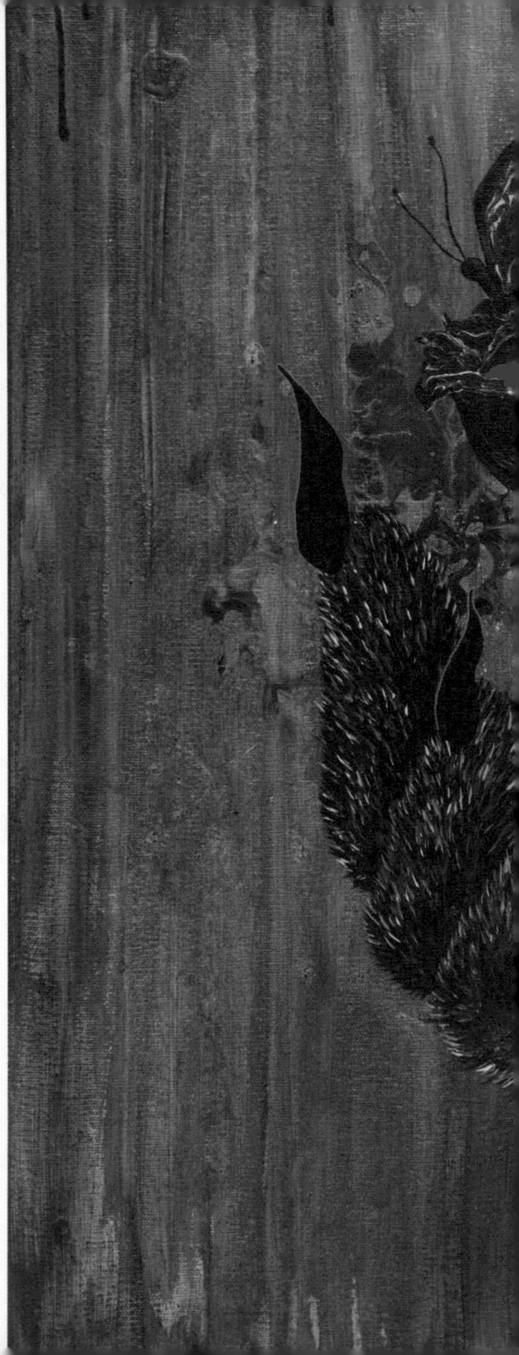

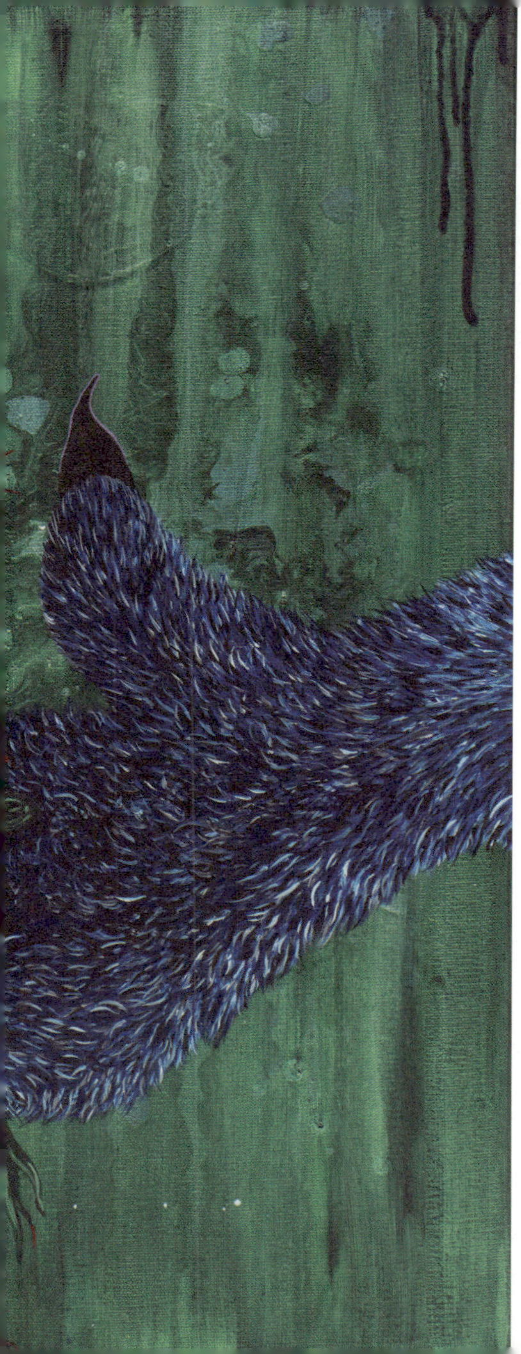

畫畫對我來說像是一種自我對話
透過顏料的堆疊暈染
一筆一畫建構我的世界
在創作的過程中感覺自己既強大又脆弱
脆弱來自於需要向眾人攤開躲藏的隱密處
強大則來自於只有我能表述的任性和浪漫
演員對我來說像是一種使命
畫畫則像是走在這條路上的回饋
透過畫畫讓這些難以梳理的情緒有了安置之處
脫下角色的樣貌我想呈現未曾展現的自己

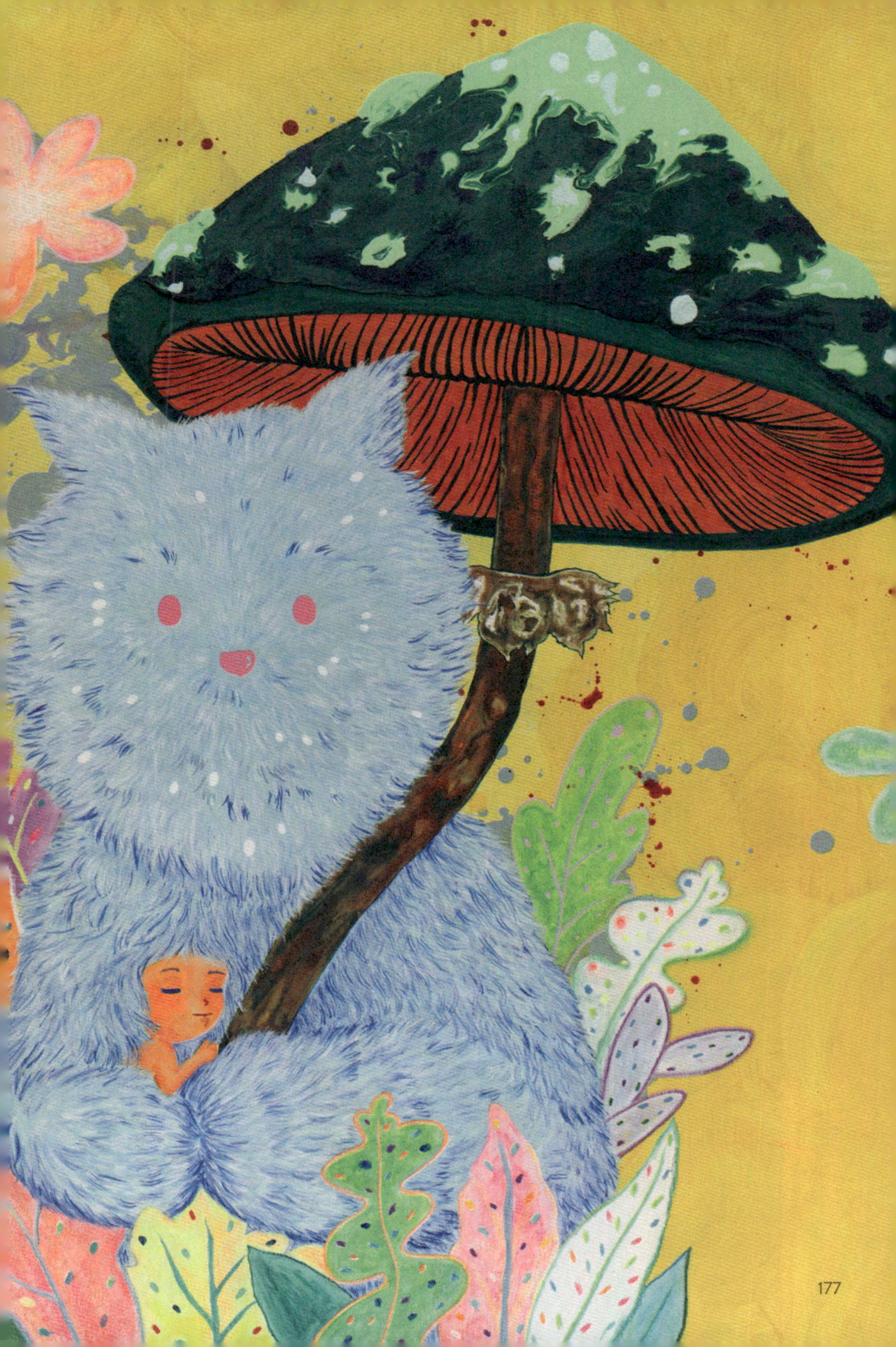

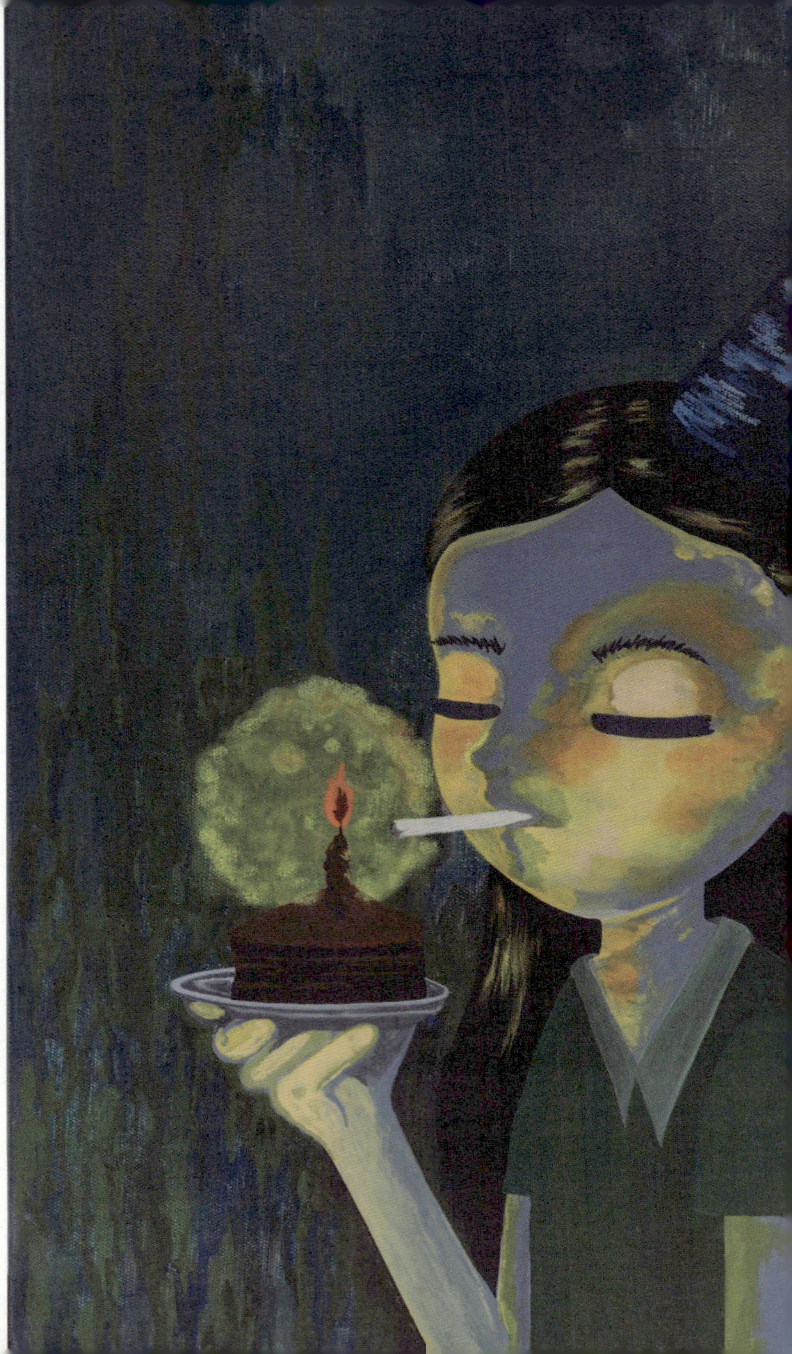

為自己熄滅哀傷，
為自己點亮願望。

我好像慢慢擁有喜歡
自己的能力

你是怎麼做到的?

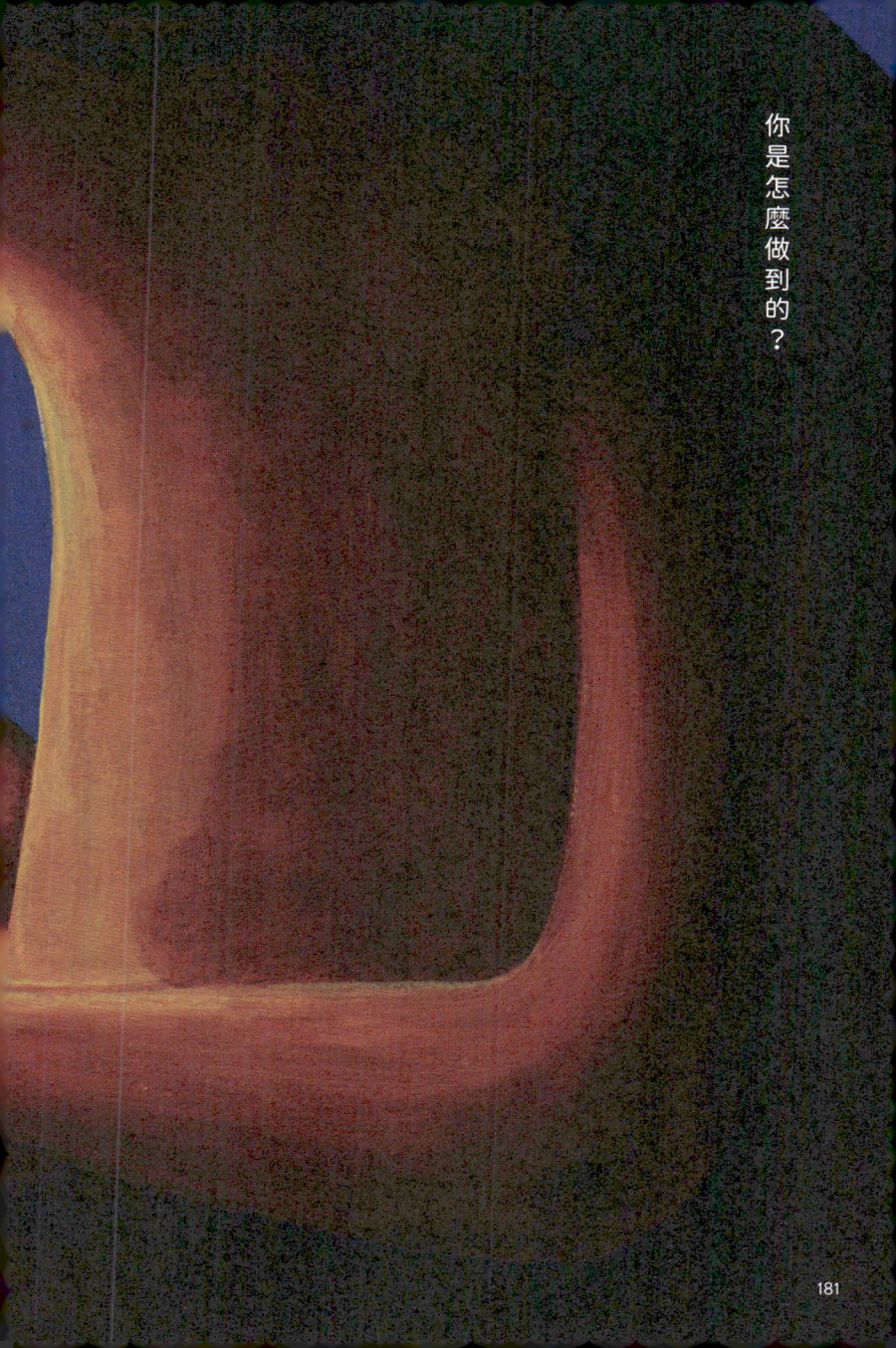

當我開始學習
　　不再批判自己

以前不是沒辦法做到這件事嗎？

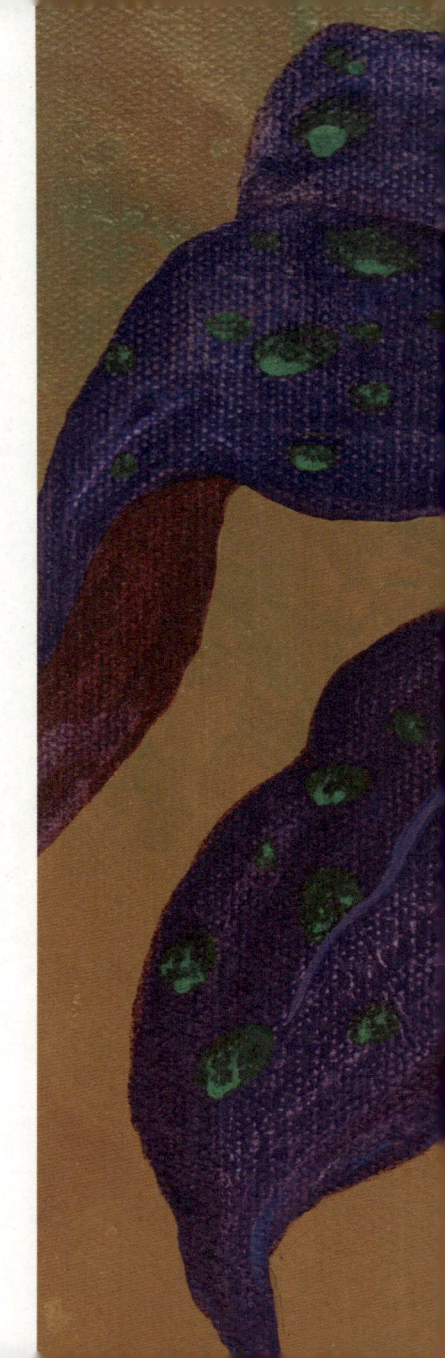

183

批判久了累了，
慢慢也就學習放下了

與其向外追尋不屬於自己的軀殼，
不如向內吾出屬於自己的樣子

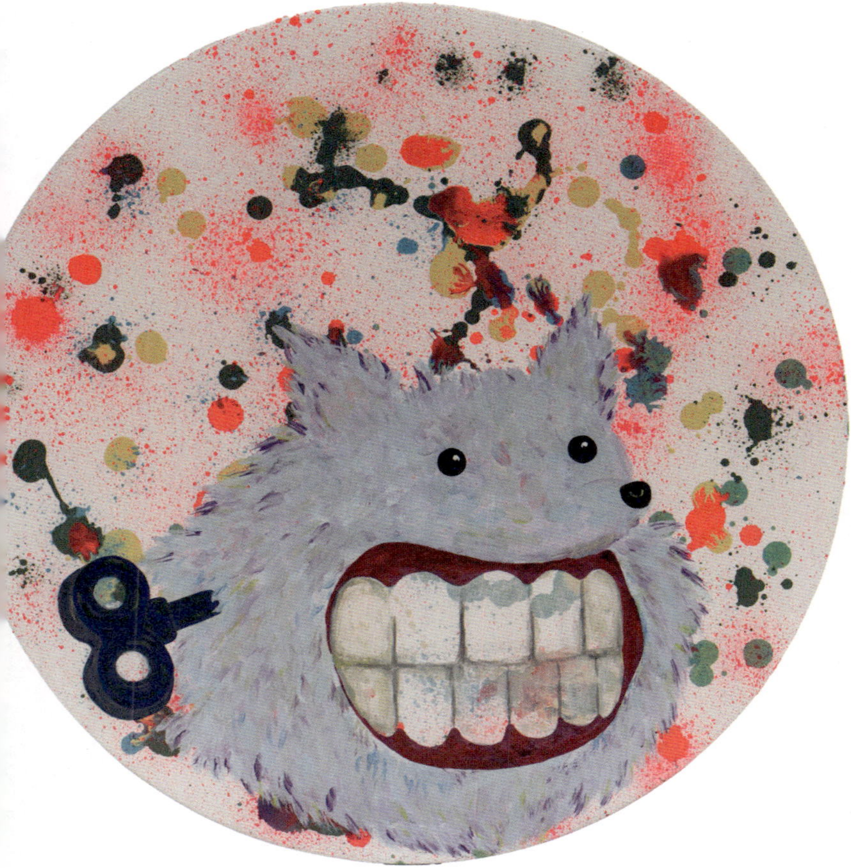

我喜歡在天眞浪漫的畫面上加點殘酷
我喜歡在現實深層的畫面上加點童趣
沒有爲什麼 我覺得這就是最眞實的我

187

188

189

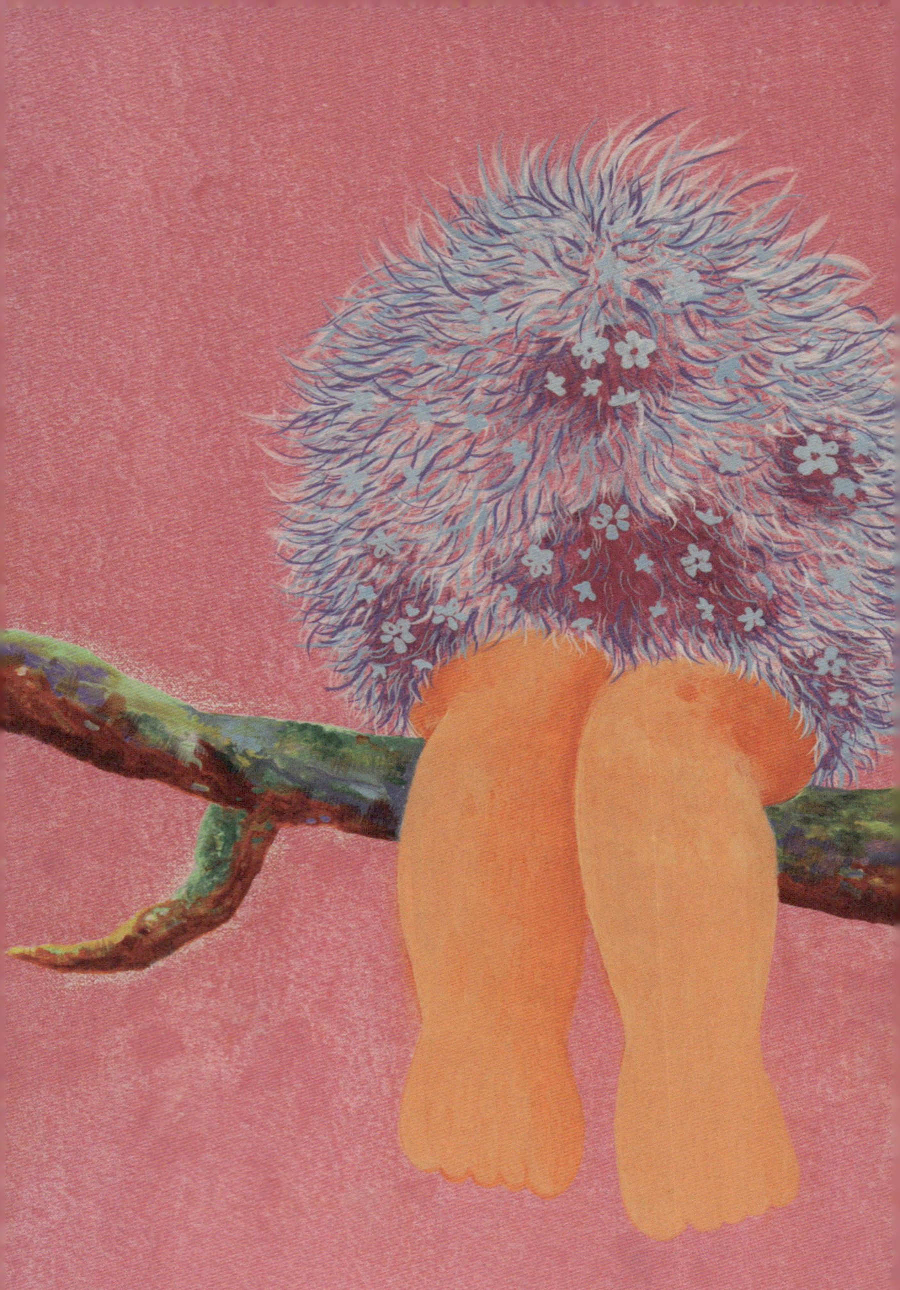

我突然發現畫畫
很像在跟畫布還有顏料談戀愛
這是什麼奇怪的結論？

因為我好像只有在另一半的面前，
還有畫畫的時候才會展現我的少女心
所以畫畫某個程度開啟了你的少女心？

（畫）是讓我看見原來
我也有這麼可愛的一面

……

我好像不害怕焦慮了
為什麼？

任何情緒都是不同形式的推動力，
只要我清楚我的目標就可以了
你怎麼確定沒有迷失方向？

只要心中有光就不用害怕夜晚降臨
你的光好像也溫暖我了:)

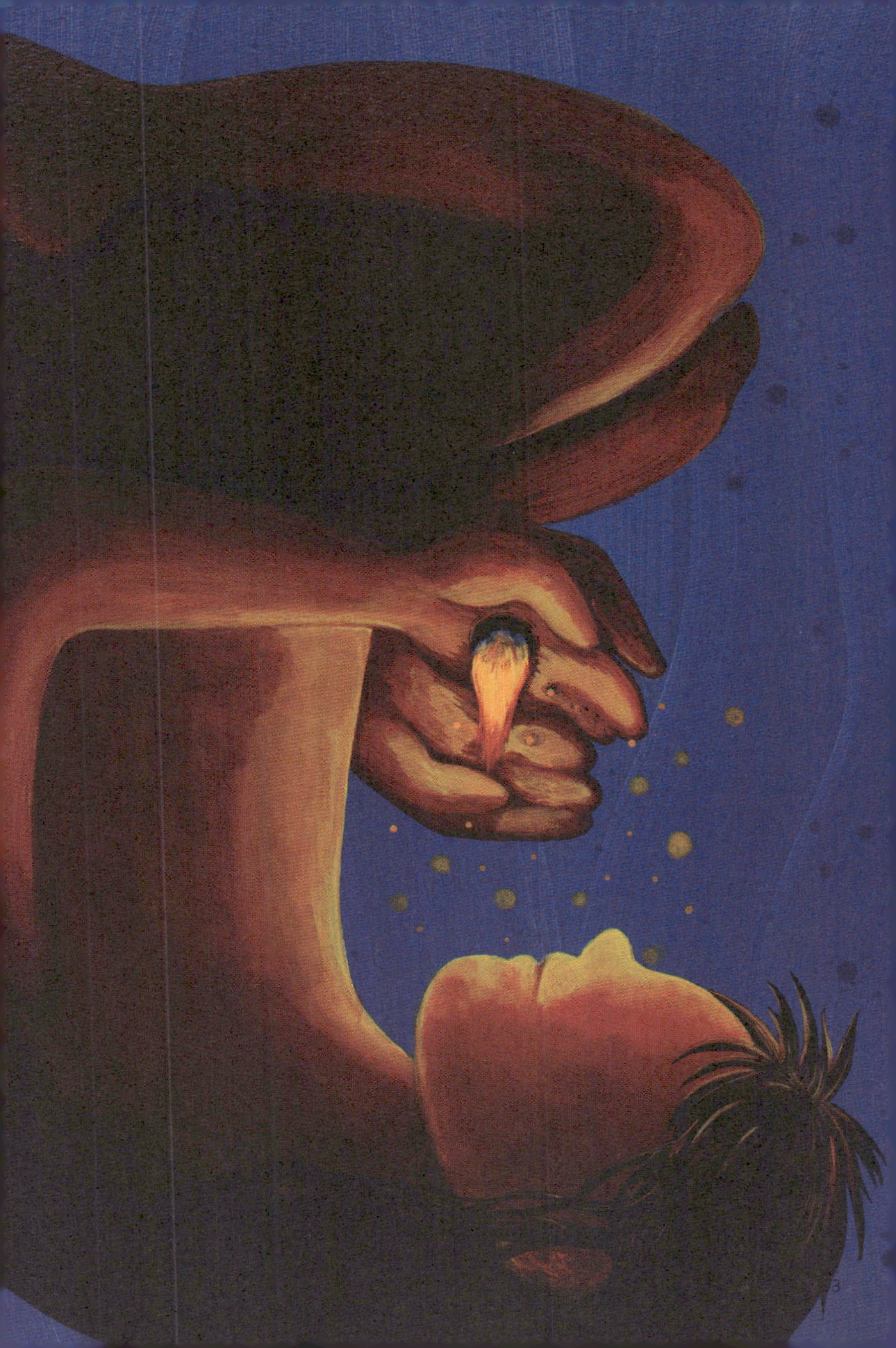

也許是任性地想活在當下
也許是韌性的性格想看看自己能走到多遠
我一直覺得能做喜歡的事情是很幸運的
有些人不得已為了生活做著乏味的工作

195

為了賺更多錢做著討厭的事
在選擇之下遺忘了夢想
或是被生活淹沒不知道自己到底想追求什麼
只期待著退休後的生活

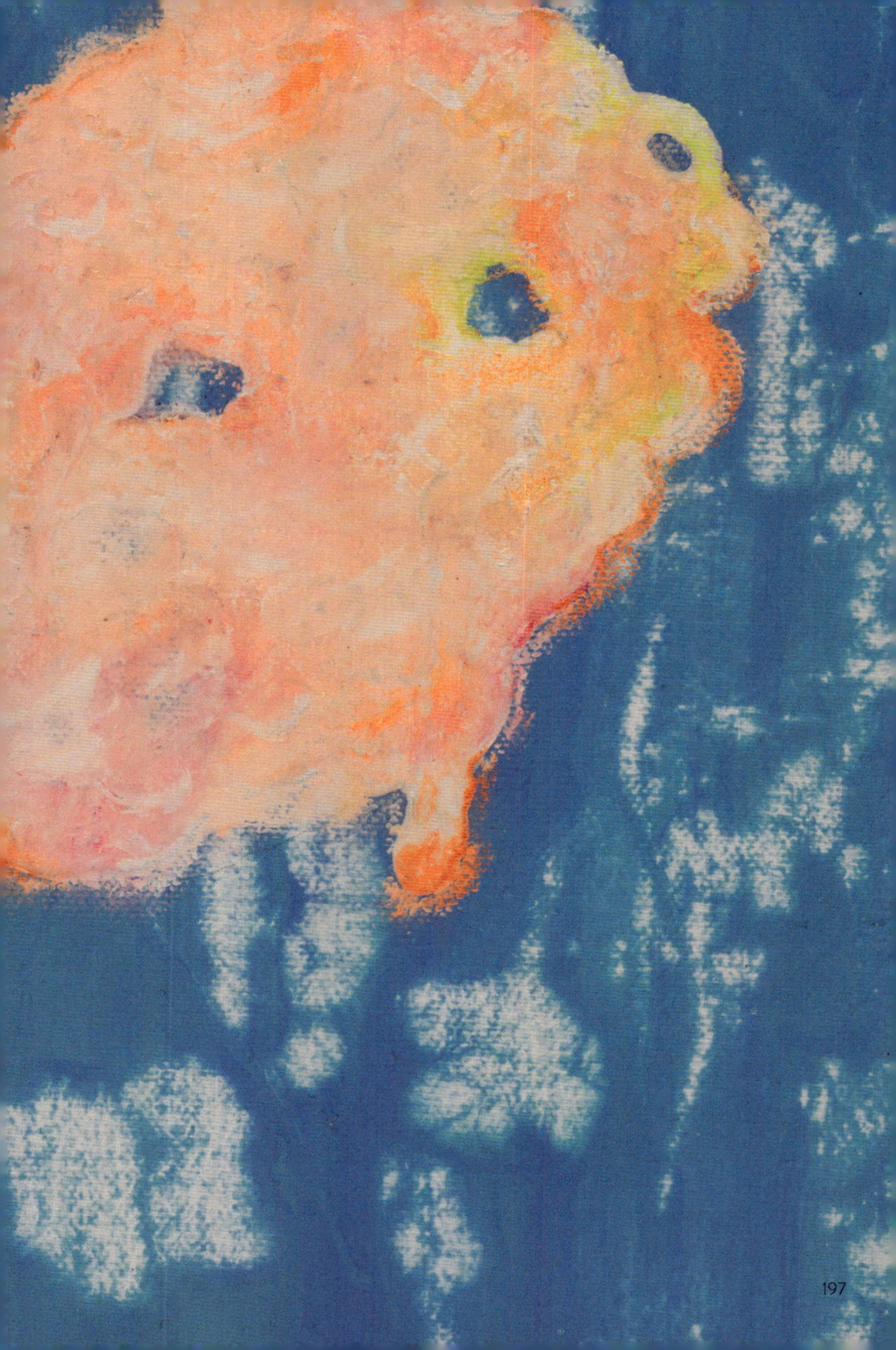

每條路上一定會有低潮跟挫敗
而支撐我下去的是感恩
感恩經歷的這一切讓我更茁壯更有智慧
如果總是在路口停住就換別的道路
只能在路程卻看不到盡頭那就太可惜了
也許是不喜歡後悔的個性讓我走到了這裡
暮然回首
慶幸自己能繼續堅持的走在這條路上
對我來說能好好享受當下那就值得好好慶祝了

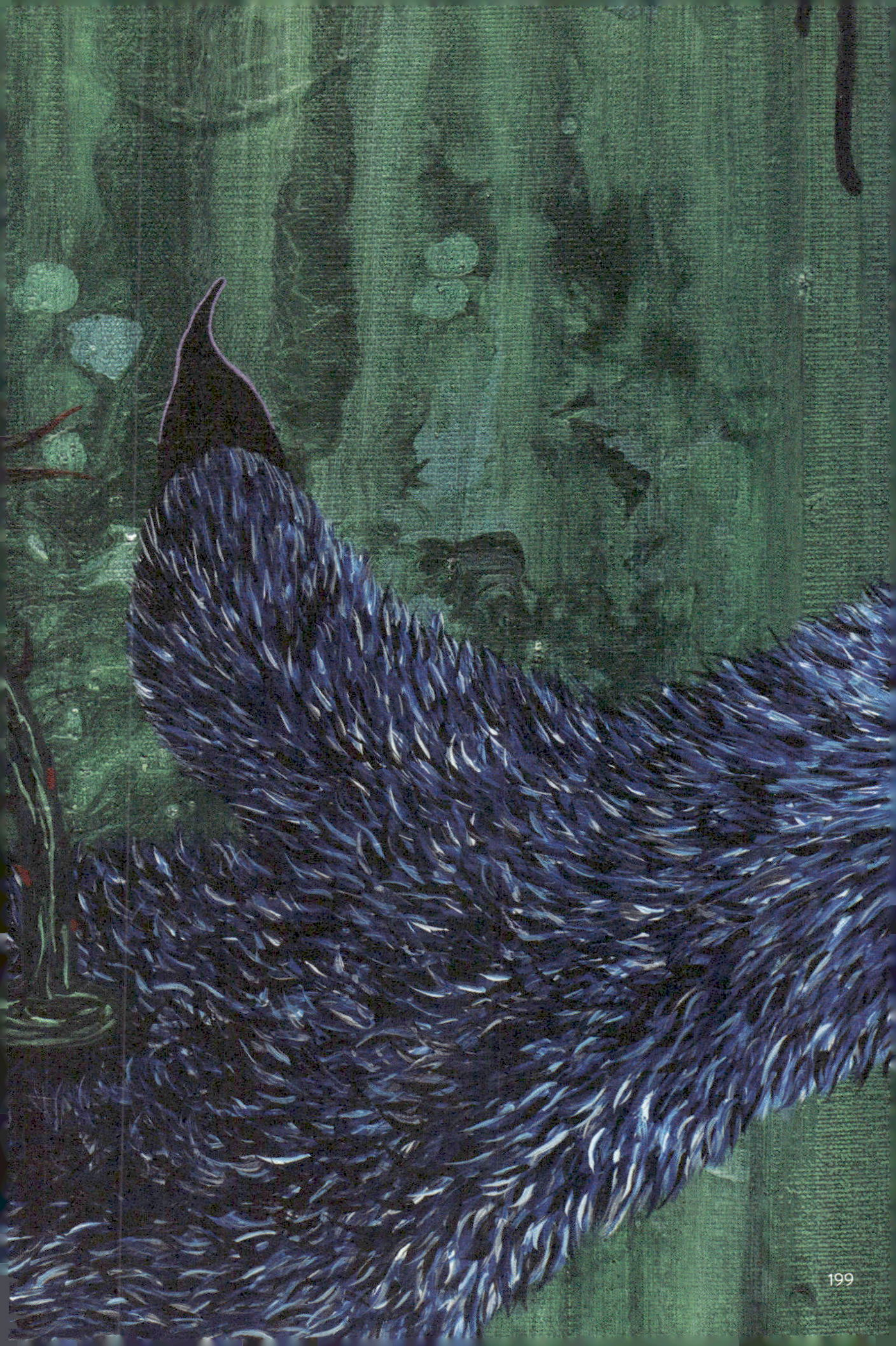

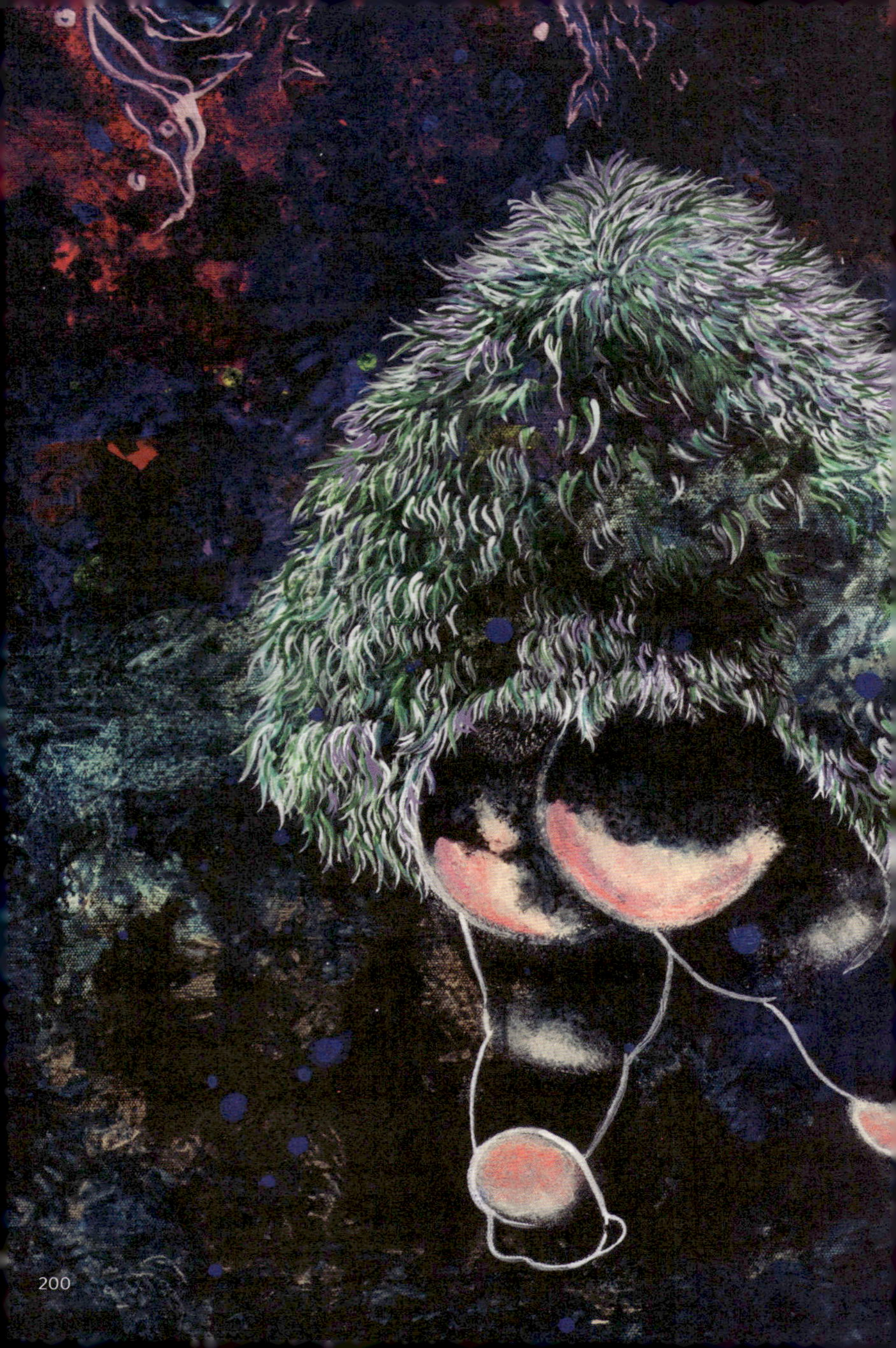

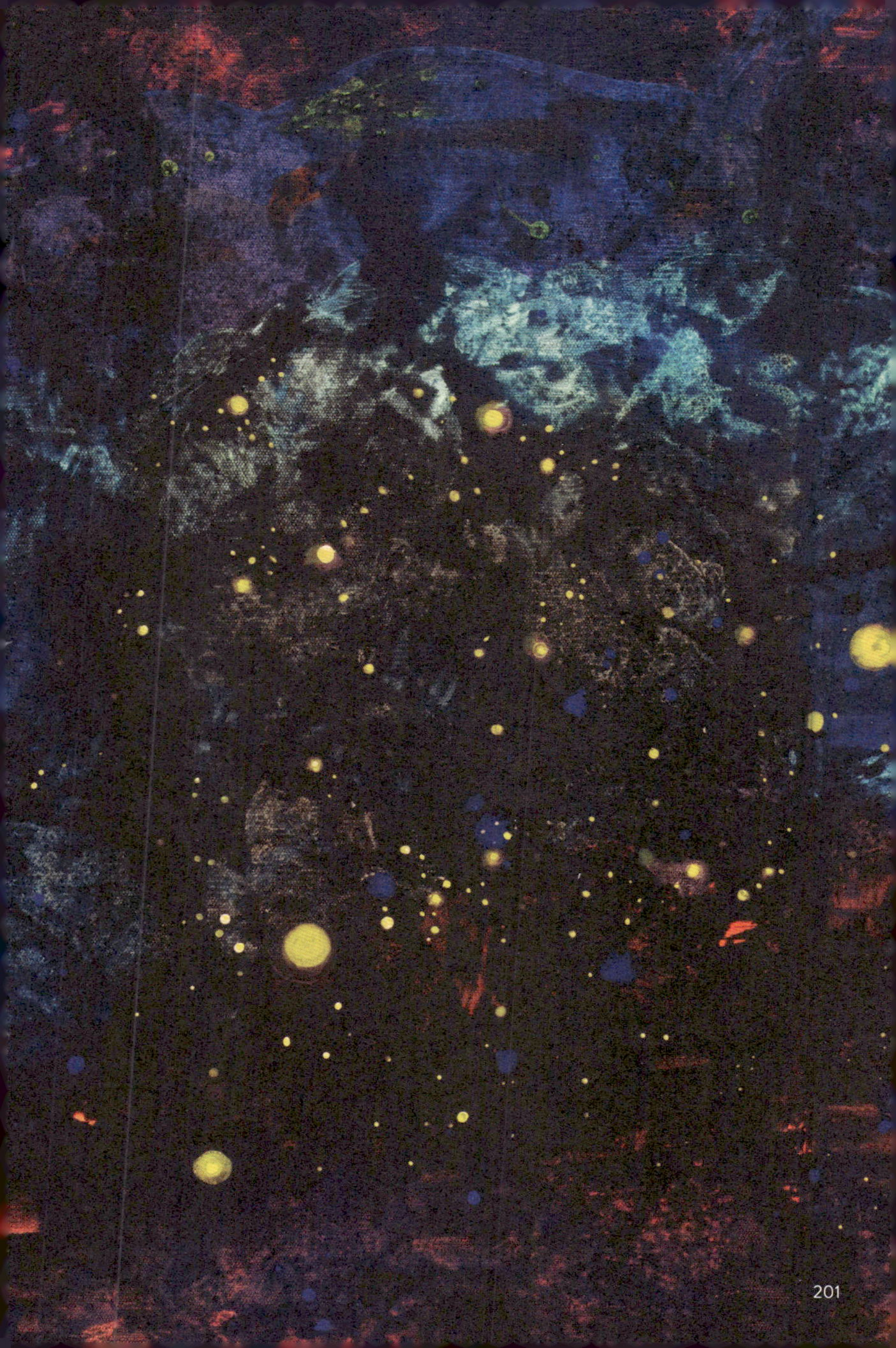

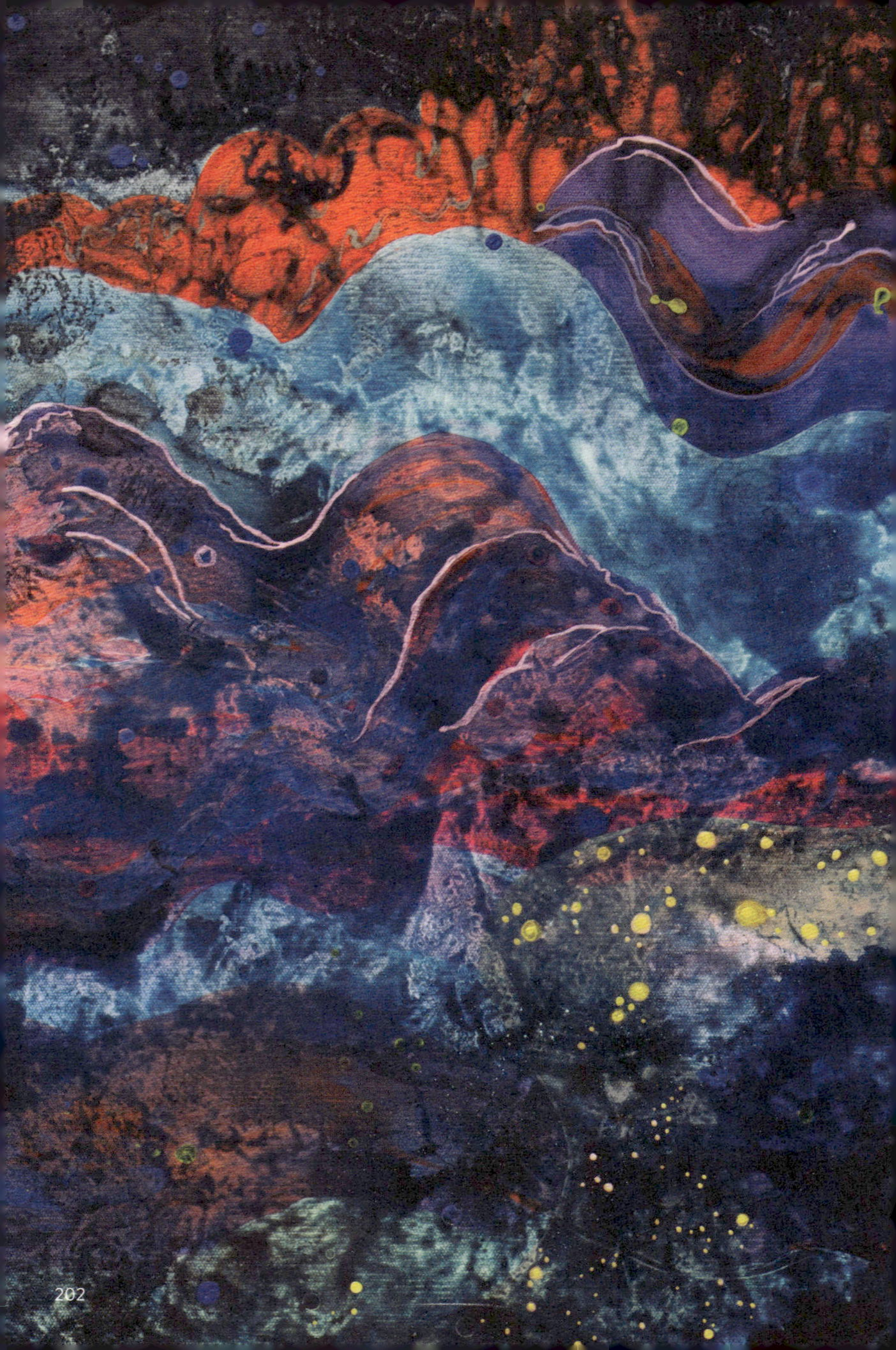

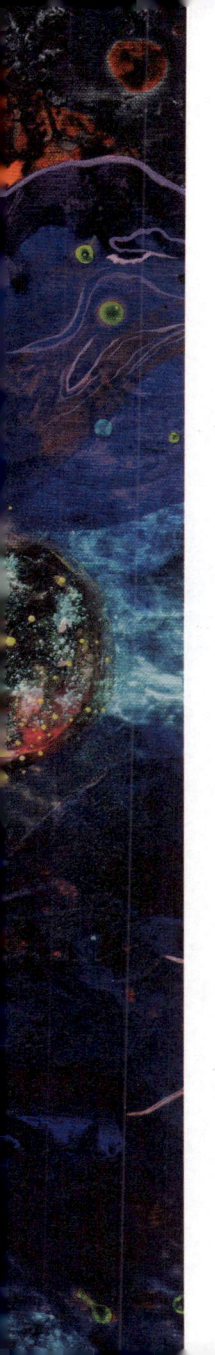

如果這是我們最後一次對話,
你最不希望我忘記什麼事?

我希望你不要忘記自己的好，
你值得好好被愛被擁抱著，
沒有人能否定你的付出，
你也不需要爲人努力，
因爲你真的很獨特^_^

謝謝你……（擁抱）

失去的成年禮

毛茸茸的，暖暖的，抱起來，就像是捧住整個世界。

國小二年級，我收到了一個寶貴的生日禮物，穿著雨衣的爸爸，懷裡竄出了一雙雪亮的眼睛，那是一隻褐色的博美小狗，我叫牠小咪。我與小咪的童年，總是玩在一起，小咪是家裡唯一比我還小的生物，我想好好保護牠。

小咪是我童年裡最溫暖的那個擁抱。

有一天，小咪不見了，每天下課，我都哭著在家附近找小咪，每個黃昏的歸途，都有我的眼淚。後來才得知，不喜歡小狗的爺爺，將牠載去山上的工廠。於是，我再也沒見過小咪。

這是我有生以來，第一次明白「失去」是什麼。

失去是再也沒有毛茸茸的磨蹭，沒有濕濕的鼻子，沒有溫暖的抱抱。

直到我再度擁有 Q 醬，我一直都在失去的日子裡，自責著自己。小咪，我很抱歉，我沒能找回你，數千個日子裡，我對或許早已變成星星的小咪這麼說。在我的作品裡，反覆地，一筆一畫，勾勒著毛髮，那些細小的，柔軟的，需要人類照料的毛髮。日以繼夜地勾勒、編織，好像就能讓我重拾溫暖。

Q醬是一隻長相跟小咪一樣的狗,毛茸茸的,暖暖的,抱起來,就像是捧住整個世界。

在我三十歲以後到來,讓一直抱持著這份「失去」與「歉疚」長大的我,重新擁有了,愛護一個生命的責任與能力。

原來,我是有能力能夠愛人的。
原來,真正堅強的人,能夠懂得柔軟。

壓抑著失去小咪的傷心長大,
會不會讓我成為了一個孤獨的人?

但因為這份孤獨,我能自省,鞭策自己,讓自己盡快成為一個,自己也想成為的大人。

我終於懂得，養育與愛護的責任，生命教會我許多事，當我負起照顧的責任，我才知道，原來我可以是一個稱職的媽媽、稱職的大人。長年來，一直嚴苛地對待自己、挑剔自己的我，在狗狗眼裡，盡是如此寶貴，是牠的全世界。牠讓我理解，我是一個值得被愛的人。那是一份無條件的愛，只要我們願意為彼此付出時間，建立深刻的關係，我們便能毫無企圖心地，愛著對方。

Q 醬的純粹是這樣的，總是天真地看顧我，毫無保留地喜愛我，在我流淚時靜靜地陪伴。我不是一個人了。

我生命中最重最重的失落，讓我學會，輕盈地擁抱所有最純粹的珍貴事物。

殘酷而奇幻的

我很喜歡《活了100萬次的貓》這本繪本,再堅強的人,也會有自己內心最溫柔的歸屬,我們需要建立對於活著深刻的羈絆,才能理解自己在宇宙間的位置與任務。

畫畫時,那些毛毛暖暖的筆觸,反映了我內心最真實的一塊純粹,同時,構圖上偶爾出現陰暗的灰暗的顏色,有人說那是憂鬱,但我覺得,那是平靜。

我經常把我的夢境畫出來,那些夢折射出我悲觀主義的真貌,同時,由於我的不安,總是積極地往前,不想止於現狀,所以,我可以說是一個樂觀行動的悲觀主義者吧,我雖然永遠覺得自己不夠好,但唯有前進,可以填補這樣的價值欠缺感,我想要

奔跑到，有一天我心滿意足了，在終點，快樂地躺下來，對此生說，嗯，我已經很足夠了。

在充滿競爭的演員環境中，因為重拾畫筆，使得我能夠將凝視放回自己身上，知道創作源自內在，我需要衡量明亮與憂鬱的顏色，面對顏料真實的情緒，才能夠好好自處。

如同〈慶祝〉這幅畫，有一天，我不再在意他人的期待，專注地許下自己的願望，為自己的存在而慶祝，那是多美的事。

嘿，如果是這樣，那我們也會像《活了 100 萬次的貓》，其實

人生不用活100萬次,只要忠於本心,精彩地活一次就夠了。

我希望你們,無論他人的聲音與評判,都能夠真誠地爲自己的存在慶祝。而且是用自己喜歡的形式慶祝。人生是這樣的,不管有沒有伴侶、生老病死,人終歸是孤獨的個體。只有你能去體驗與創造,生命這一趟旅程,又何須用別人的想法安排路上的風景呢?

有時候,走一趟沒人走過的路,才能見識沒人見過的景色。

保有童真的長大

在演員這一行中,我們是被揀選的存在。我們因爲各種原因被揀選,被淘汰,比如說,年齡、長相、氣質等等。入行越久,我將會更習慣,不被選擇。從偶像劇女主角出道的我,歷經了一段,很深沈的等待期,有一段時間,我不被選擇,我從 C 位退居,扮演著串場的角色,甚至,沒有幾句台詞。那段時間,我真的很懷疑自己的能力,我可以演下去嗎?

但是,我真的好喜歡演戲。

在我的成長歷程中,比同齡人更快長大。我高中就開始打工,再也沒有跟爸媽拿過零用錢,自己繳學費。大學時,我透過平面拍攝這項工作,很快賺取了不錯的收入。心智上太早長大的

我，因此更想保持自己內在的童年與純真，或許因此，走在演員這條路上，難免因為體制限制，感到不適切，但也因為深愛著演戲，使我習得寧缺勿濫，我願意花很長很長的時間，等一個好角色，這樣的等待，不見得可以成為他人眼中的成功人士，但能帶我過一趟值得的人生。

我喜歡演戲，因為演戲是一件沒有標準答案的事，你的生命經驗，將濃縮在一個鏡頭的一個瞬間，你必須淬煉出生命最精華的那部分，去堆疊出戲的深度。演戲使我大量吸收更多生命經驗，不斷延伸觸角，去觸碰自己的界線，這樣沒有標準答案的事情，使我著迷。

認知了這件事，讓我理解，無論環境的揀選，無論生命的安排，用什麼樣的眼睛看世界，才是最重要的。現在，我仍能在自己的眼神裡確認，自己活得像小孩，真好。現在，我依然如此深愛演戲與創作，真好。

用什麼樣的眼睛看世界，將會折射在畫畫的作品裡，你們在我的畫裡看到了什麼呢？

但願你也有一雙，你喜歡的雙眼，你值得的凝視。

在我接觸過的大量角色中，偶爾，也使我迷惑，這個戲裡的我，也是我嗎？因為一筆一畫的創作，使我在畫裡能辨識自己的真實性，不迷航在演員的工作中，我終於能靜下來，在一筆一畫中，堆疊顏色，校準自己。

我也理解了,演戲跟畫畫一樣,如此美好,都是因為創作是自由的,成為自己,是沒有標準答案的。

嘿,程予希,謝謝你,謝謝你沒有放棄。那些堅持、眼淚、等待、不被理解的沈默,都是值得的。

也謝謝此刻,閱讀著我的你,這本書的完成,仰賴了許多人的幫助,感謝:ab、檸檬、雁雁、湘琦姐、KIKI、詠華、阿亮、特、Lily、pipi、謝謝浴缸、謝謝粉絲們,最後也感謝自己完成這本圖文集!

但願我們在創作裡、生活裡、在成為自己的路上,享受自由,享受被看見的時候,也能在沒人注目時,為自己恣意揮灑。

祝福所有大人心裡的小孩。

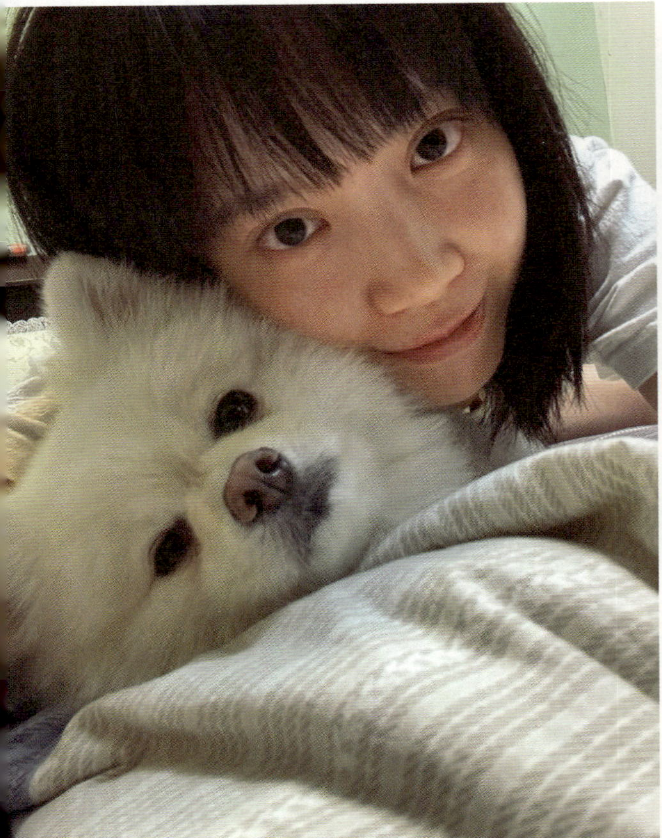

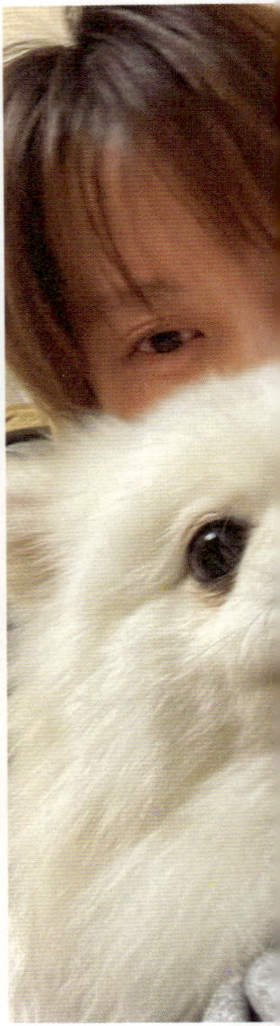

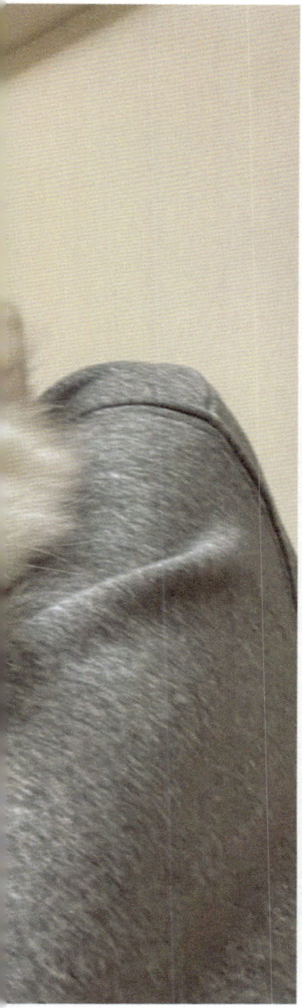

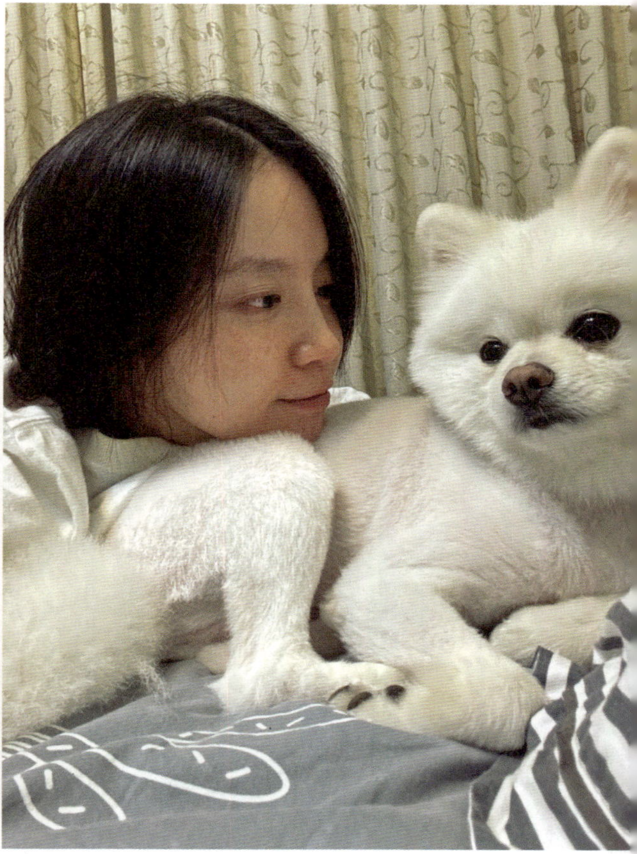

攝影師 Lily

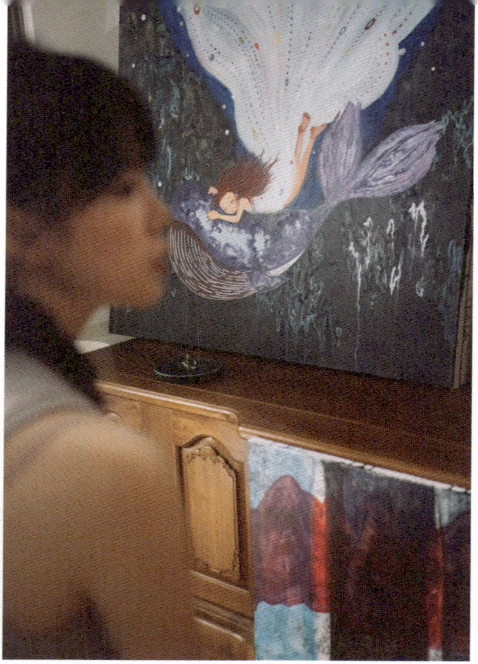

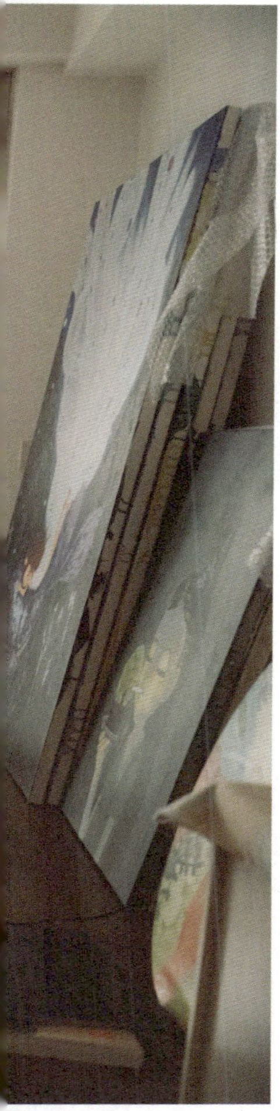

攝影單位《b.l!nk》／攝影師 Zhutor

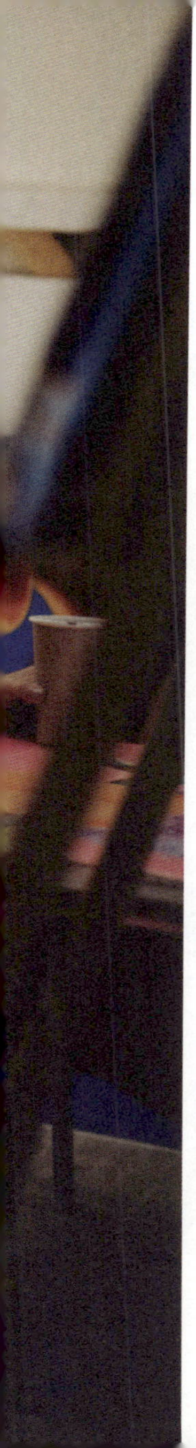

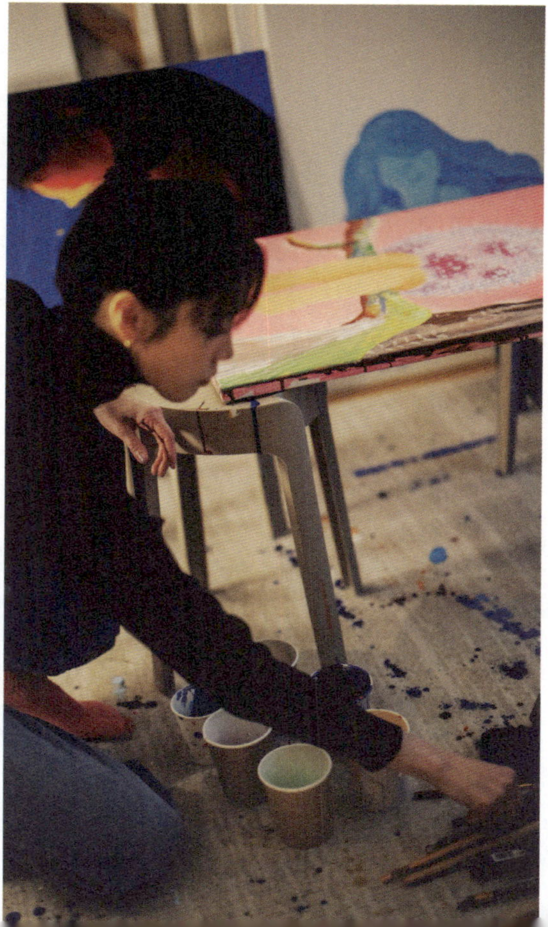

攝影師 Lily

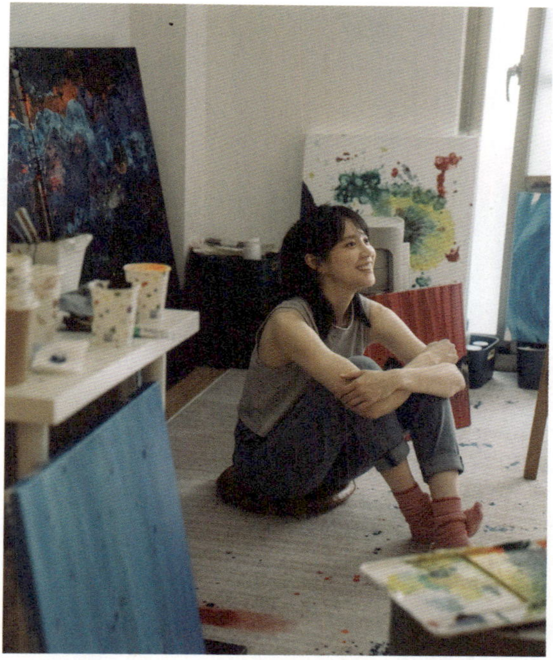

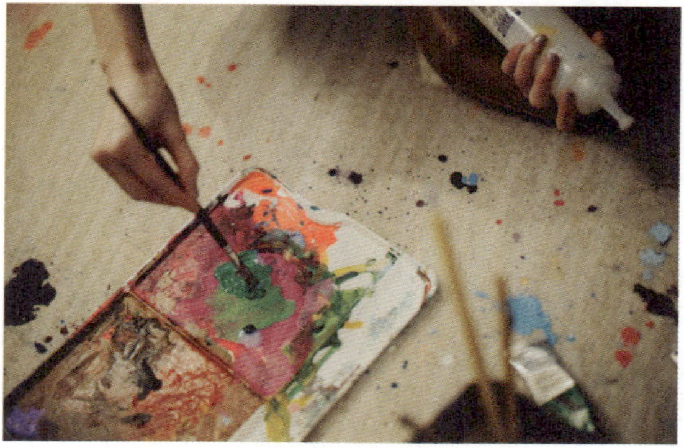

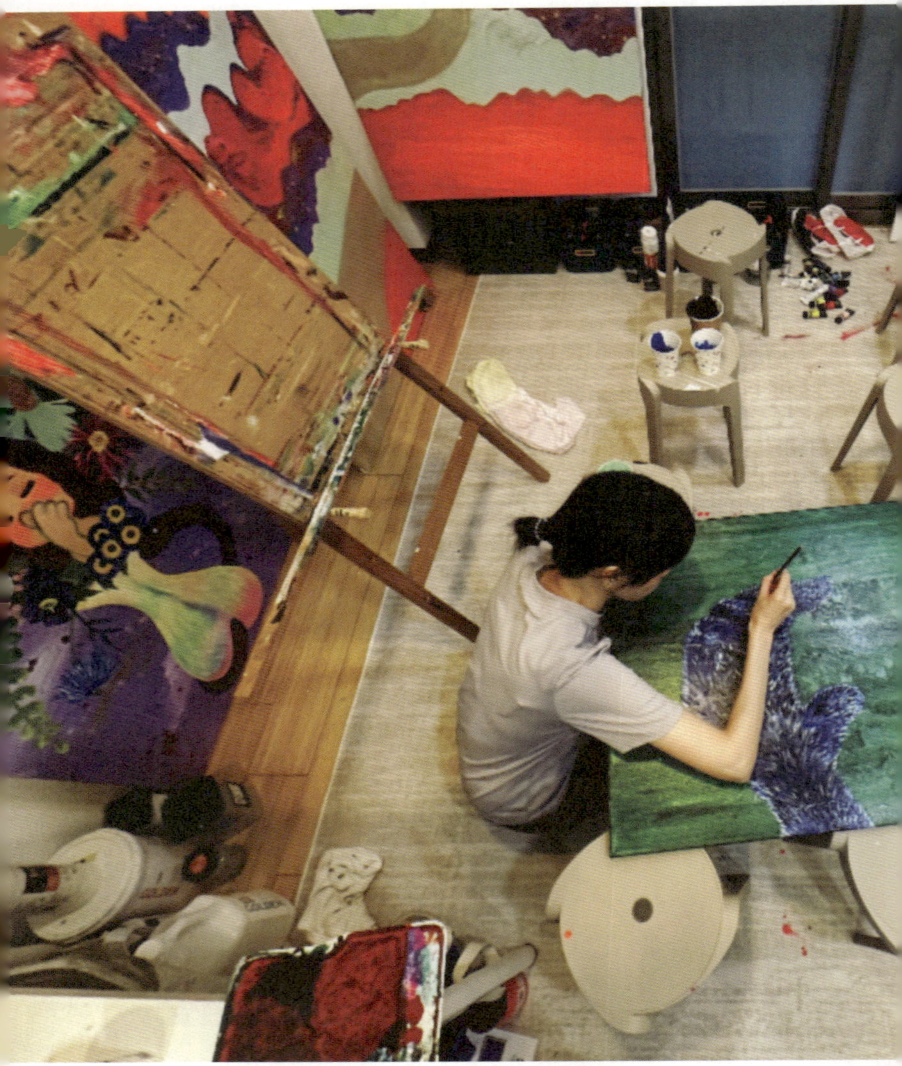

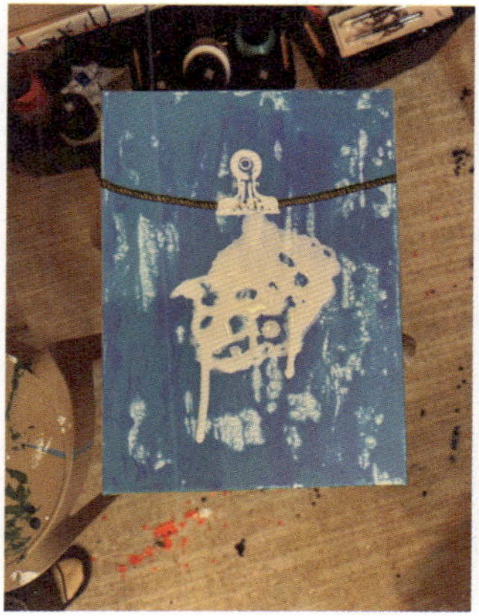

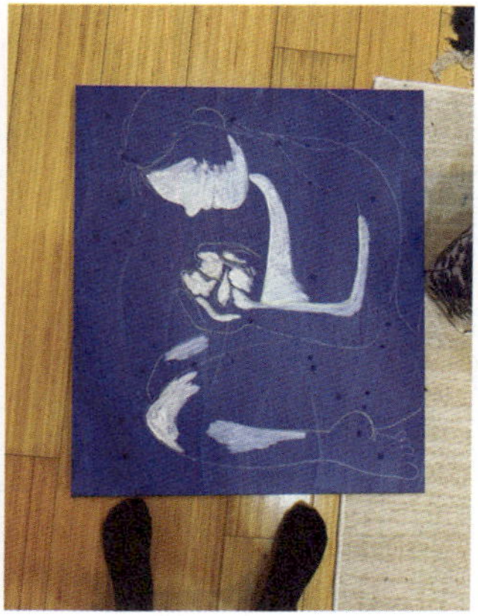

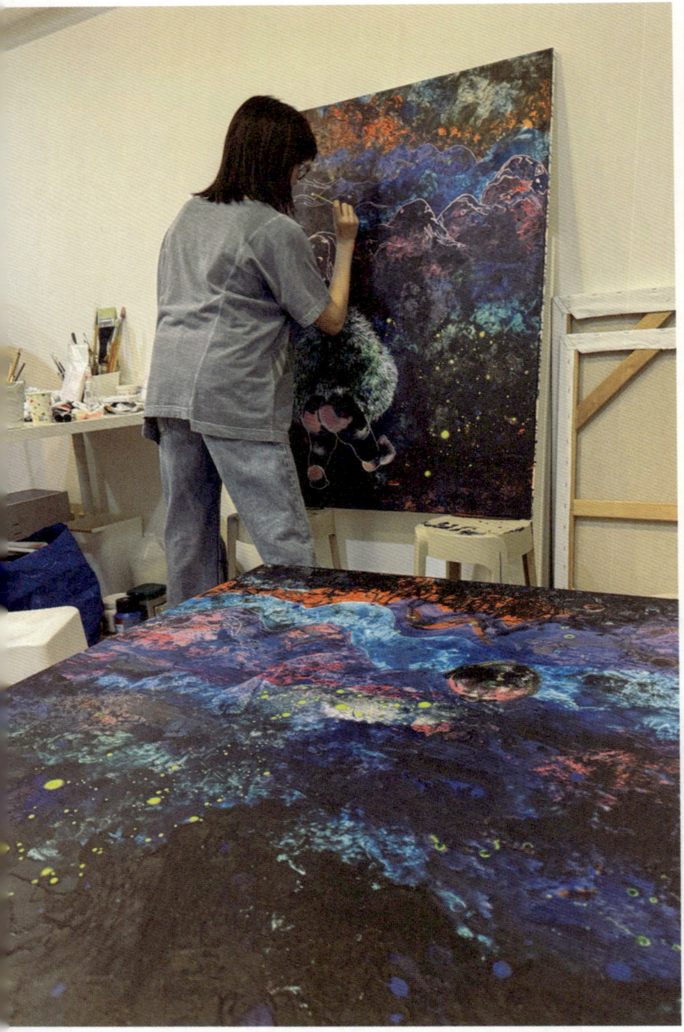
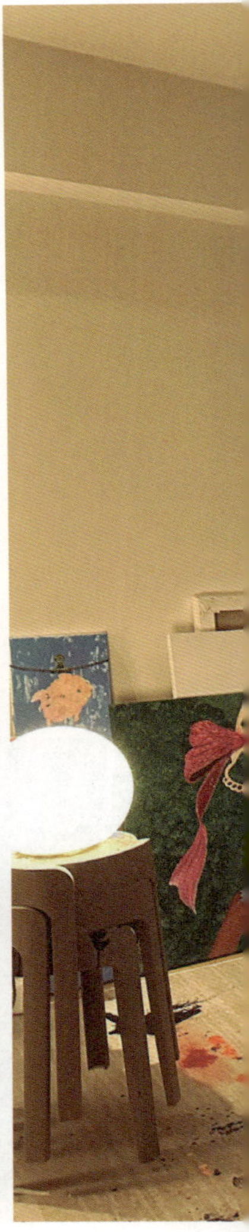

229

攝影單位《b.l!nk》／攝影師 Zhutor

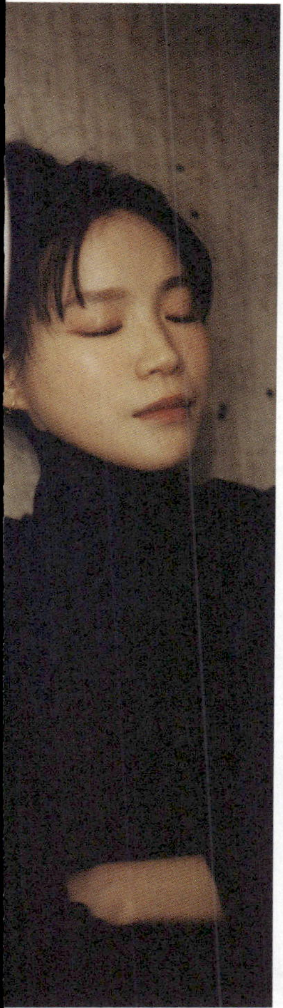

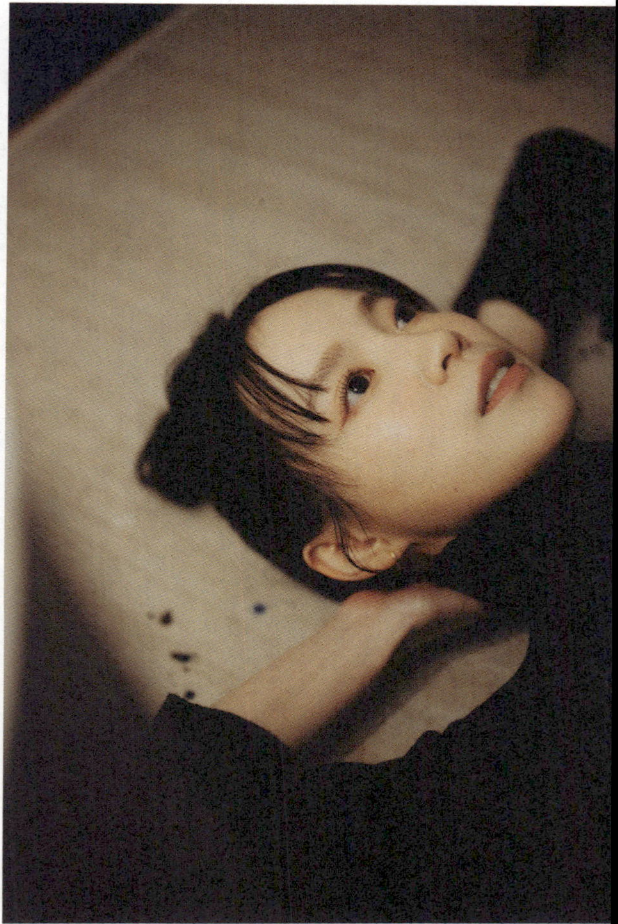

攝影單位《b.l!nk》／攝影師 Zhutor

233

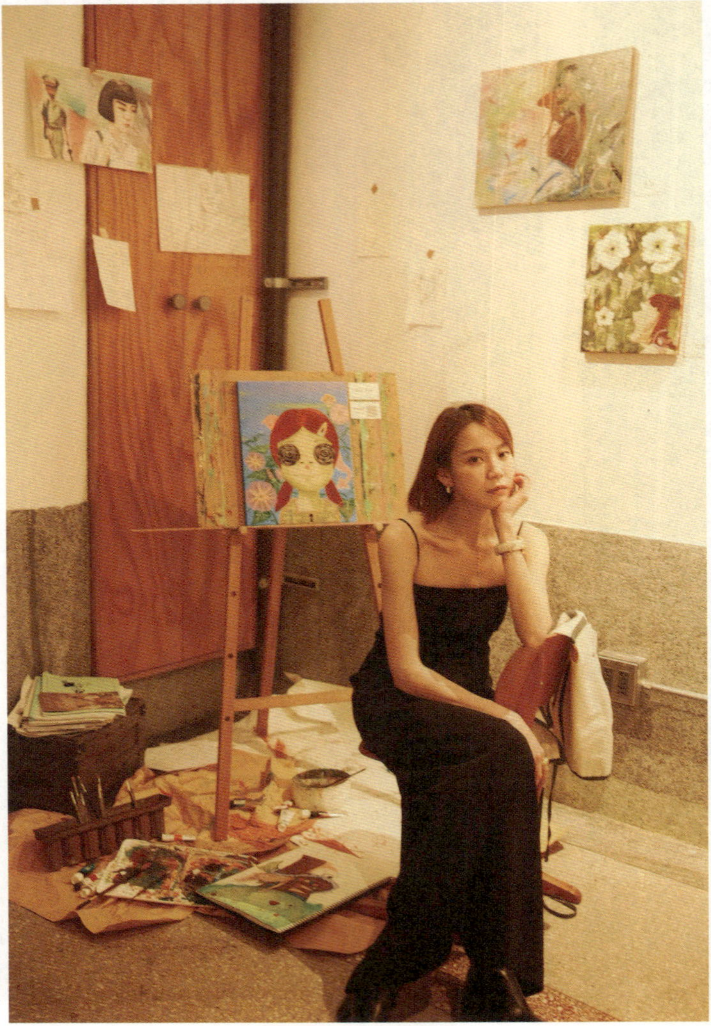

235
'22

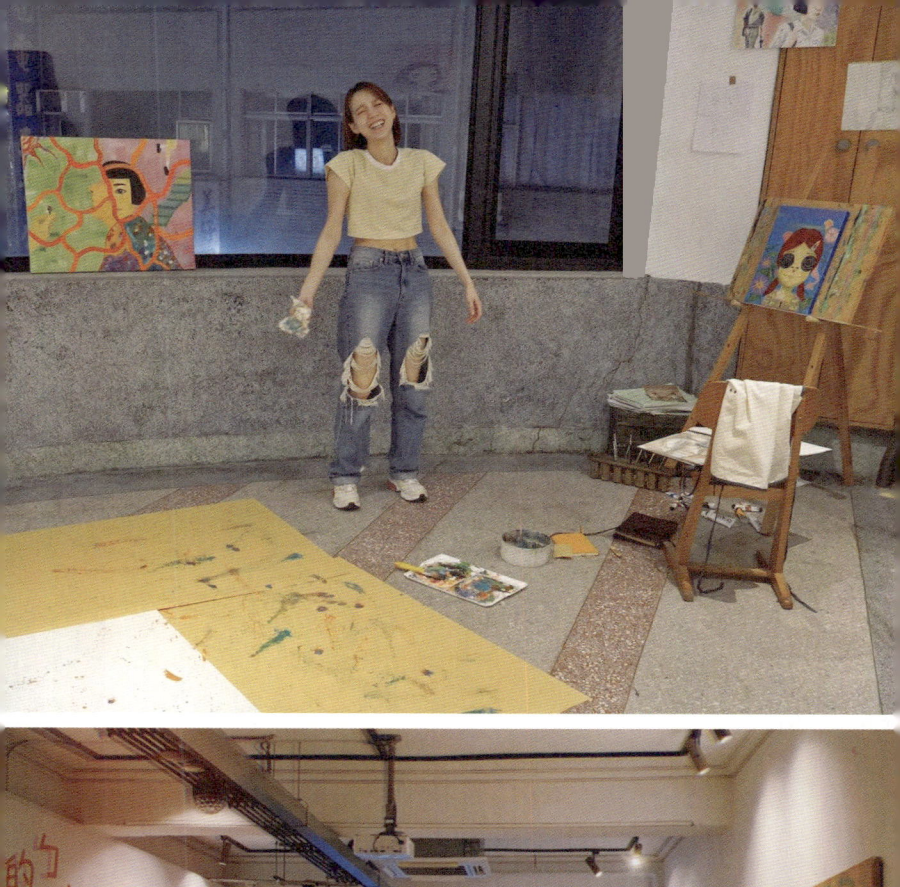

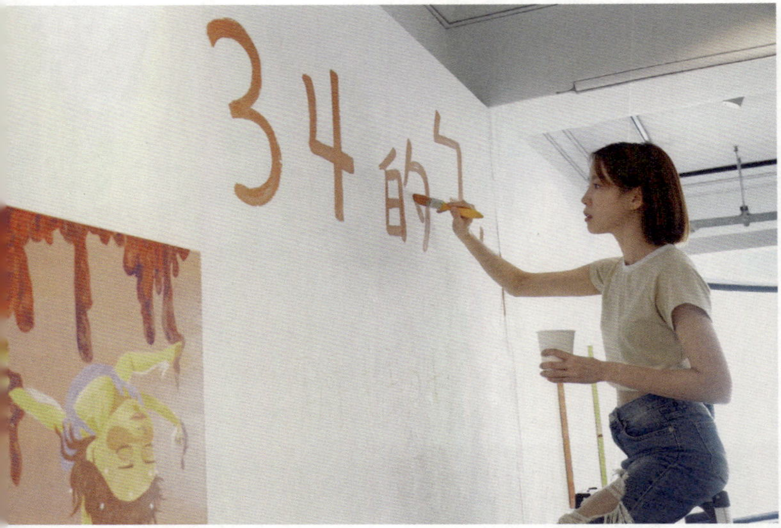

34的

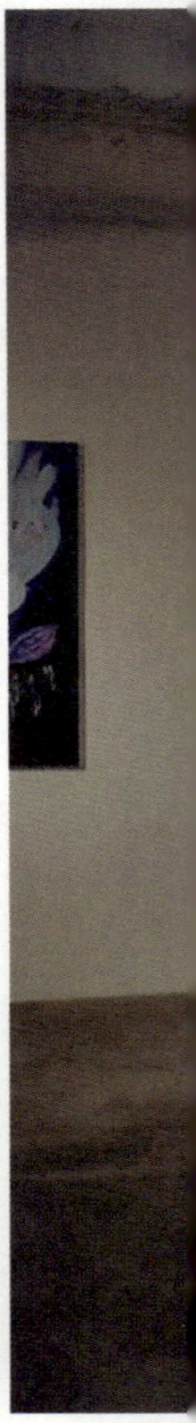

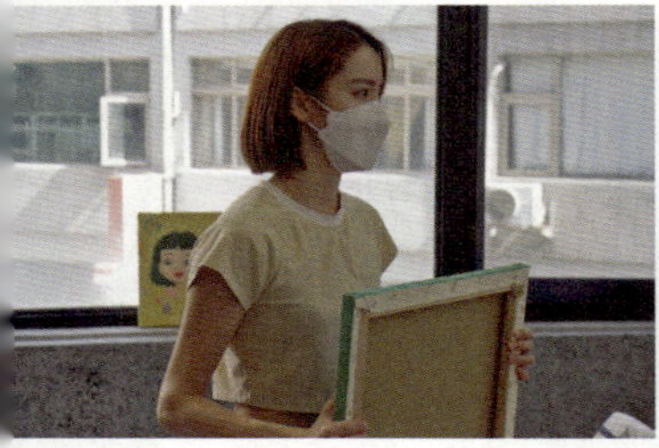

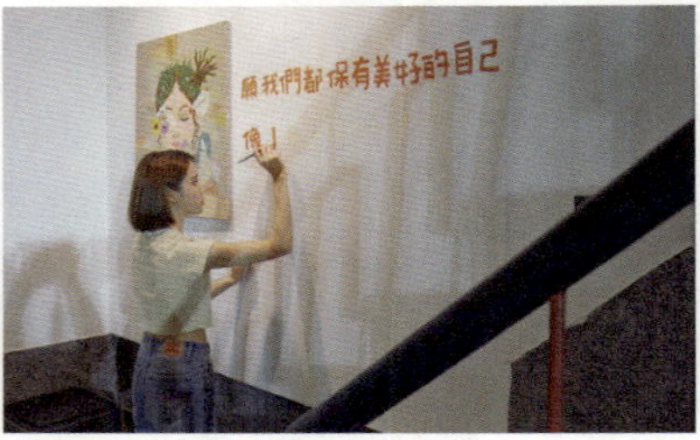

願我們都保有美好的自己

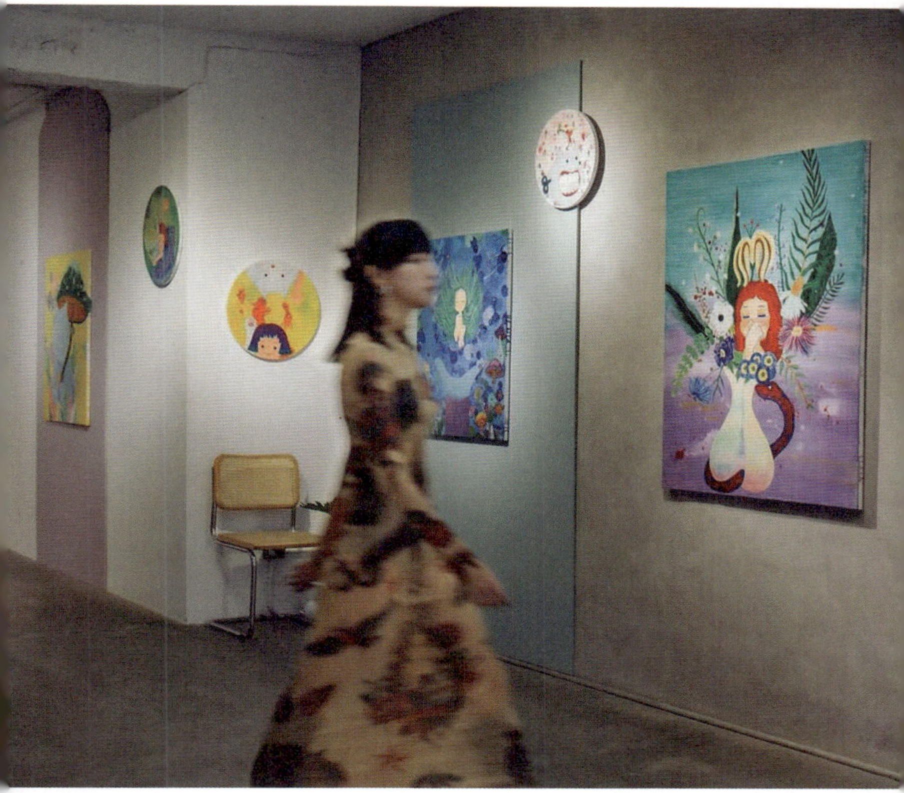

自我對畫
：給所有大人心裡的小孩

封面拍攝團隊／
攝 影 師―陳詠華
化 妝 師― Bella
髮 型 師― Amber(80's)
造 型 師―莊亞葳、顏美蓮 (呀喂整體造型工作室)

經紀公司／
星星相藝國際有限公司
Heart of Star International Co., Ltd.
經 紀 人―于恩懿 Lemon Yu
執行經紀―陳眉雁 Mei Yen Chen

責任編輯―周湘琦
美術設計―點點設計 × 楊雅期
行銷企劃―周湘琦
副總編輯―呂增娣
總 編 輯―周湘琦

董 事 長―趙政岷
出 版 者―時報文化出版企業股份有限公司
　　　　　108019 台北市和平西路三段二四〇號二樓
　　　　　發行專線　(02) 2306-6842
　　　　　讀者服務專線　0800-231-705、(02) 2304-7103
　　　　　讀者服務傳真　(02) 2304-6858
　　　　　郵撥　19344724 時報文化出版公司
　　　　　信箱　10899 臺北華江橋郵局第 99 信箱
時報悅讀網― http://www.readingtimes.com.tw
電子郵件信箱― books@readingtimes.com.tw
時報出版風格線臉書― https://www.facebook.com/bookstyle2014
法律顧問―理律法律事務所　陳長文律師、李念祖律師
印　　刷―華展印刷有限公司
初版一刷― 2025 年 03 月 07 日
初版二刷― 2025 年 04 月 29 日
定　　價―新台幣 480 元

自我對畫：給所有大人心裡的小孩 / 程予希作 . -- 初版 . -- 臺北市：時報文化出版企業股份有限公司, 2025.03
　面；　公分
ISBN 978-626-419-270-5(平裝)
1.CST: 自我肯定 2.CST: 自我實現
177.2　　　　　　　　　114001747

時報文化出版公司成立於一九七五年，並於一九九九年股票上櫃公開發行，
於二〇〇八年脫離中時集團非屬旺中，以「尊重智慧與創意的文化事業」為信念。